Otto Ludwig Ortner

Stalingrad

Princeton'sche Bekenntnisse

Ein Testament für Österreich

Otto Ludwig Ortner

Stalingrad

Princeton'sche Bekenntnisse

Ein Testament für Österreich

V I N D O B O N A
INTERNATIONALER LITERATUR UND LYRIK VERLAG

Die Deutsche Bibliothek - CIP-Einheitsaufnahme
Ortner, Otto Ludwig:
Stalingrad - Princeton'sche Bekenntnisse / Otto Ludwig Ortner - Wien
VINDOBONA VERLAG
Internationaler Literatur- und Lyrik Verlag, 1999
ISBN-3-85040-005-0

Fotos: Bischöfliches Ordinariat St. Pölten, BMfLV/HBF,
Prof. Mag. art. Ernst Degasperi, Apostolische Nuntiatur, Parlamentspräsidium,
Dr. Otto Ludwig Ortner, Prof. Bernward Schmied OSB
Satz und Druck: Druckerei Hawelka, 1160 Wien, Seeböckgasse 41
ISBN 3-85040-005-0
Printed in Austria - Imprimé en Autriche

Widmung

Dieses Werk widme ich in inniger Dankbarkeit meinen Weggefährten auf der Pilgerreise des Deutschen Ordens nach Moskau und Wolgograd, die unter der Leitung seiner Exzellenz Hochmeister Abt Dr. Arnold Wieland vom 18. bis 21. September 1992 stattfand.

Quellenangaben:

russisches Kartenmaterial:

Österreichisches Staatsarchiv / Kriegsarchiv
H VI f 50

Lagekarte:

„Die Vernichtung der 6. Armee vom 9. bis 29. Januar 1943“
Feindlage nach OKH Lagekarte vom 9. 1. 1943 abends

aus dem Buch „Stalingrad“ von Manfred Kehrig,
Schriftenreihe des Militärgeschichtlichen Forschungsamtes

mit freundlicher Genehmigung des
Militärgeschichtlichen Forschungsamtes
Schriftleitung/Karten-, Zeichen- und Reprostelle
D - 14411 Potsdam, Zeppelinstraße 127/128

Abbildung auf der Titelseite:

Stalingrad-Kelch

Vom Autor nach dem Vorbild des einzigen erhaltenen Hussitenkelches (Tschechisches Nationalmuseum) gestalteter, von der Goldschmiede der Abtei Seckau unter Prof. Bernward Schmied OSB., hergestellter Stalingrad-Kelch (derzeit im Museum des Deutschen Ordens, 1010 Wien, Singerstraße 7).

Abbildung auf der Rückseite:

ökumenisches Totengedenken am 20. September 1992 an die Gefallenen von Stalingrad, dem heutigen Wolgograd, in Bolsaje Rossosko:

Bildlegende von rechts nach links: ein junger russischer Novize und Gehilfe (Pomotschnik) des Erzpriesters; Erzpriester Augustin, persönlicher Vertreter des russisch-orthodoxen Erzbischofs von Wolgograd; Fr. Galina, russische Dolmetscherin und Reiseleiterin; Hochmeister Abt Dr. Arnold Wieland OT, Deutscher Orden; Superintendent Dr. Wolfgang Schmidt, (Innsbruck u. Salzburg); Evangelischer Militärsuperintendent Mag. Dr. Julius Hanak; Direktor, HR u. Militärdekan Dr. Alfred Sammer Fam OT, Ordinariatskanzler; Sr. Cölestine Innerhofer OT; Evangelischer Pastor Mag. Wilhelm Stritar (Scheibbs).

An der Pilgerreise haben auch teilgenommen (nicht im Bild): Commendatore Prof. Mag. art. Ernst Degasperi; Fr. Theresia Degasperi; Dr. Heinrich Degle; Dr. Karlheinz Erckert; Dipl. Ing. Andrew Hacket; Fr. Mag. Huberta Hacket; Fr. Elisabeth Kubena; Dr. Otto Ludwig Ortner; Fr. Gloria Ortner; Frl. Marie-Christine Ortner; Clemens Ortner; Bürgermeister Peter Rieser (von Amering / Stmk.); Vizeleutnant Andreas Sturm Fam OT (Militärkommando Kärnten).

VORWORT

Auf Initiative von Herrn Dr. Otto Ortner (Familiare des Deutschen Ordens) wurde im Jahre 1992 ein Pilgerreise nach "Stalingrad" organisiert, um die Gefallenen aller Nationen zu ehren und dadurch den Geist der Verständigung und des Friedens unter allen Menschen zu fördern.

Das Moskauer russisch-orthodoxe Patriarchat lud dazu ein; das Katholische Militärordinariat für Österreich und das Erzbischöfliche Ordinariat der russisch-orthodoxen Kirche in Österreich trugen bei, die Feier zur Einsegnung der Gräberfelder aller in Stalingrad Gefallenen zu gestalten, welche Opfer des Zweiten Weltkriegs wurden.

Die Teilnahme von katholischen, evangelischen und russisch-orthodoxen Priestern und Gläubigen wollte folgendes herausstellen: Der Friede muß die Geschichte der Völker und der ganzen Menschheit leiten.

Nicht der Kampf der einen gegen die anderen kann die Probleme der menschlichen Familie auf der ganzen Welt lösen!

Weder das Blut und Leiden von Millionen von Menschen, noch die Zerstörungen und die Vernichtung von Gütern können den Fortschritt der einzelnen Völker vorantreiben.

Papst Johannes Paul II. schreibt in diesem Zusammenhang in seiner Botschaft zum Weltfriedenstag am 1. Januar 1999, die in diesem Jahr die Überschrift trägt: "In der Achtung der Menschenrechte liegt das Geheimnis des wahren Friedens":

"Krieg baut nicht auf, sondern zerstört; er unterhöhlt die moralischen Fundamente der Gesellschaft und schafft neue Spaltungen und anhaltende Spannungen. Und doch verzeichnet die Chronik weiterhin Kriege und bewaffnete Konflikte mit zahllosen Opfern. Wie oft haben meine Vorgänger und ich selbst das Ende dieser Schrecken herbeigerufen! Ich werde damit so lange fortfahren, bis man verstehen wird, daß der Krieg den Niedergang jedes wahren Humanismus bedeutet." (ebd., N. 11)

Dr. Otto Ortner möchte mit seinem Buch die Aufgabe erfüllen, die er sich auch für sein Berufsleben als Rechtsanwalt gestellt hat, nämlich das *"Recht als Forderung nach einem Verhalten zu verstehen, das im sozialen Zusammenhang niemand in seiner menschlichen Würde verletzt"*. Deshalb ist, wie er in seinem Buch schreibt, die Berufung des Anwalts *"letzten Endes die Verteidigung der Humanität"* (S. 30).

Mögen die Initiative von Dr. Otto Ortner und die erwähnten Gedanken eine besondere Bedeutung für die Verantwortlichen von heute und für die jungen Menschen haben, damit diese überall in der Welt eine bessere Gesellschaft gestalten können und dadurch eine Zivilisation der Einheit und des Friedens der Familie der Nationen aufbauen.

+ DDr. Donato Squicciarini
Titularerzbischof von Tiburnia
Apostolischer Nuntius in Österreich

DER BISCHOF VON ST. PÖLTEN

Die Jahrtausendwende rückt mit Riesenschritten näher und es vergeht kaum ein Tag, an dem wir nicht durch die Massenmedien von Kriegsgeschehen, Katastrophen und Verbrechen erfahren. Und dennoch gibt es - davon bin ich überzeugt – auf der Welt weit mehr positive ungezählte gute Taten, die den Glauben an das Gute im Menschen nicht verkümmern lassen. Wenn man grundlegende Fragen des Lebens reflektiert und eigene Lebenserfahrungen anderen zugänglich macht, so kann das für viele ein wertvoller Impuls sein, nach den Zeichen der Zeit zu fragen und auf die Nöte der Zeit eine Antwort zu geben. – Nicht von ungefähr heißt es im ersten Satz der Pastoralkonstitution des Zweiten Vatikanischen Konzils: „Freude und Hoffnung, Trauer und Angst der Menschen von heute, besonders der Armen und Bedrängten aller Art, sind auch die Freude und Hoffnung, Trauer und Angst der Jünger Christi.“ Gerade heute, wo es die Hoffnung immer schwerer hat, wo die Gründe zur Freude spärlicher werden und Unruhe und Ängste zunehmen, bedarf es des Friedens mit Gott und den Menschen. „Er ist unser Friede“, heißt es im Epheserbrief (2,14). Friede ist ein menschliches Urwort, und die Sehnsucht nach Frieden begleitet die Menschheit von Jahrtausend zu Jahrtausend. Der Friede ist möglich; freilich der alte Satz stimmt noch immer und muß beherzigt werden: „Es gibt keinen Weg zum Frieden – der Friede ist der Weg“. – Es wäre eine Illusion zu glauben, daß gesellschaftliche und wirtschaftliche Strukturen allein eine friedvollere bessere Zukunft garantieren und von selbst zu einem neuen und besseren Menschen hinführen. Denn die Zukunft Europas wird weithin von seinen Menschen abhängen. So gefestigt wie die Menschen sind, so fest wird auch die Ordnung sein, in der sie leben und die sie trägt. – Arbeiten wir gemeinsam an der „Zivilisation der Liebe“, damit die Kirche im Herzen unseres Europas „ein sehr mächtiger Keim der Einheit, der Hoffnung und des Heiles“ wird (vgl. II. Vat., Lumen gentium). Denn gerade in einer Zeit des raschen Wertewandels und Werteverfalls muß vor allem die junge heranwachsende Generation auf einem festen, durch Christentum und Humanismus geprägten gesellschaftspolitischen Boden stehen. Sie bildet die Chance von morgen, damit unsere Gesellschaft auch in Zukunft Werte und Wert hat.

St. Pölten, im Jänner 1999

+ Kurt Krenn

Vorwort

Der Autor dieses Buches, Dr. Otto Ortner, hat mich um ein Vorwort zu seiner Arbeit ersucht. Nun muß ich offen bekennen, daß der Sozialdemokrat Heinz Fischer und mein Schulkollege Otto Ortner in sehr vielen Punkten unterschiedliche Auffassungen vertreten, wie das ja auch aus dem Text dieses Buches leicht erkennbar ist.

Auf der anderen Seite verbindet uns die gemeinsame Schulzeit in der Fichtnergasse, die Erinnerung an den gemeinsamen Religionsprofessor und Stalingradpfarrer Monsignore Alois Beck und ich leugne nicht, daß das Thema „Stalingrad" eines ist, das sich tief in das Bewußtsein des 20. Jahrhundert eingegraben hat und dem man sich daher immer wieder zu nähern versucht, um das Ausmaß an Unmenschlichkeit, Verantwortungslosigkeit, Inhumanität und Verblendung zu erfassen, das sich damals in so tragischer Weise ereignet hat.

In diesem Sinne wünsche ich dem Autor, dem Verlag und jenem Humanismus, dem sich Dr. Otto Ortner verpflichtet fühlt, alles Gute und positive Aufnahme der Bekenntnisse eines humanistisch gesinnten Österreichers.

Dr. Heinz Fischer
Präsident des Österreichischen Nationalrates

Wien, im Jänner 1999

Vorwort

Stalingrad ist eines der vielen Synonyme des 20. Jahrhunderts, bei denen sich ganz bestimmte Assoziationen einstellen. Es ist Wendepunkt des Zweiten Weltkriegs ebenso wie jene Markierung, bei der sich sagen läßt, daß sich Aufstieg und Verfall der Sowjetmacht in Rußland datumsmäßig und geographisch feststellen lassen.
Schließlich ist Stalingrad ein Erinnerungsort der Weltgeschichte, der jenseits des Gewesenen Auskunft über den Umgang mit den Toten gibt.

Otto Ludwig Ortner bedient sich nicht nur des Synonyms, sondern mehr noch des Erinnerungsorts, um daran seine persönliche Geschichte und ein metaphysisches Erleben festzumachen. Er ist ein Engagierter !

Mehr noch: Er ist ein Radikaler, wenn es darum geht, Wertvorstellungen zu formulieren, persönliche Überzeugungen auszusprechen und Bekenntnisse als Österreicher und Christ abzulegen. Er hat das im Laufe eines schon längeren Lebens oftmals und sicher auch zum Mißvergnügen mancher getan, er hat Zuwendungen und Ablehnung erfahren und weiß mit Ihnen umzugehen.

Stalingrad als Erinnerungsort dient ihm dazu, seine Biographie, seine Kenntnisse und Bekenntnisse zu gruppieren und sie lyrisch anzureichern. Er empfindet auch keine Scheu, sein Innerstes nach außen zu kehren, bekennend und unbequem.

Ein Rufer in der Wüste von - Stalingrad.

Hofrat Prof. Dr. Manfried Rauchensteiner
Direktor des Heeresgeschichtlichen Museums, Wien

Geleitwort

Dem Buchautor Herrn Dr. Otto Ludwig ORTNER, wünsche ich alles Gute zu diesem interesssanten und meiner Meinung nach, ebenso wertvollen Zeitdokument! Humanität, Toleranz und Offenheit sind Werte, welche ewigen Bestand - in dieser so materiellen und schnellebigen Zeit - haben sollen.
Dr. Ortner ist einer, der diese Werte nachhaltigst vertritt.

In diesem Sinne, dem Buchautor viel Erfolg und „Glück auf" für die Zukunft!

Wien, am 26. Jänner 1999

Hofrat Amtsdirektor A.W. RITTER, Oberst
Bundes- und Zentralobmann
der
Bundesvereinigung Kameradschaft
„Feldmarschall Radetzky"
Österreich.

(Groß-Offizier des päpstlichen Silvesterordens)

Washington State University
Department of History
P O Box 644030
Pullman, WA 99164-4030
509-335-5139
FAX 509-335-4171

February 5, 1999

VINDOBONA VERLAG
A-1030 Wien,
Kegelgasse 45
Austria

Letter of Commendation

Dr. jur Otto Ludwig Ortner has written a most interesting plea for the creation of a memorial at Stalingrad to bring a conclusion to one event of our past and to present a vision of a new and better future. His vision is formed and informed by a keen awareness of history.

I, as a historian, find the author's attempt to integrate his own personal history with the history of the larger community, in order to see more clearly a vision of the future, a legitimate use of history. Dr. Ortner looks to Mosaic tradition and Roman law, to Sophocles and Augustine, to the Catholic Habsburg Monarchy and the Christian traditions of the Czech people to understand himself. His personal history includes a recognition of the formative influences of his childhood in a Nazi State, his days as a student in Princeton, his emotional travails, his spiritual growth, and especially his 1992 pilgrimage to Stalingrad. The intertwining of his personal life with the larger history of our shared community have led him to see the need to reconcile opposing positions for humanity's sake, just as he seems to reconcile in himself both the traditions of the Habsburg Monarchy and the strengths of the Austrian Republic. He looks at history not to condemn but to understand, and with understanding to envision a better world. His understanding of the place of his life in the greater history of mankind, both ancient and modern, leads him to this vision of reconciliation. He sees a world without antisemitism, with freedom of religions, and with concern for the less fortunate.

A return to our roots and an understanding of our traditions are Dr. Ortner's prescription for the future.

Edwin P. Garretson, Jr.; Ph.D.
Associate Professor of History

Übersetzung:

Empfehlungsbrief:

Dr. Otto Ludwig Ortner schrieb einen hochinteressanten Aufruf für die Schaffung einer Gedenkstätte in Stalingrad, um ein Ereignis unserer Vergangenheit zum Abschluß zu bringen und eine Vision einer neuen und besseren Zukunft vorzustellen. Seine Vision ist aus einem scharfsichtigen Geschichtsbewußtsein entstanden und gebildet.
Ich, als Historiker, betrachte den Versuch des Autors, seine eigene Geschichte in die Geschichte der größeren Gemeinschaft zu integrieren, um eine Vision für die Zukunft klarer zu erkennen, als legitime Anwendung der Geschichte.
Dr. Ortner berücksichtigt die mosaische Tradition und römisches Recht, Sophokles und Augustinus, die katholische Habsburgermonarchie und die christliche Traditionen des tschechischen Volkes, um seine Gefühle zum Ausdruck zu bringen.
Seine persönliche Geschichte basiert auf formenden und bildenden Einflüssen seiner Kindheit in einem Nazi-Regime, auf der Zeit als Student in Princeton, seinen emotionalen Problemen, seiner spirituellen Entwicklung und insbesondere seiner Pilgerfahrt 1992 nach Stalingrad.
Die Verflechtung seines persönlichen Lebens mit der breiteren Geschichte unserer Gemeinschaft hat ihn dazu geführt, die Notwendigkeit der Versöhnung gegensätzlicher Positionen im Interesse der Humanität zu erkennen, und er erweckt den Anschein, in seiner eigenen Person die Traditionen der Habsburgermonarchie mit den Stärken der österreichischen Republik zu verbinden.
Er blickt nicht auf die Geschichte, um zu verurteilen, sondern um zu verstehen, und eine bessere Welt aus dem Verständnis zu entwerfen.
Sein Verständnis seiner Lebenssituation in der weiteren Menschheitsgeschichte, sowohl der Vergangenheit, als auch der Gegenwart, führt ihn zu einer Vision der Versöhnung.
Er sieht eine Welt ohne Antisemitismus mit Religionsfreiheit und Sorge für die weniger Priviligierten.

Eine Rückkehr zu unseren Wurzeln und das Verständnis unserer Tradition sind Rezepte Dr. Ortner's für die Zukunft.

Edwin P. Garretson, Jr.; Ph. Dr.
Außerordentlicher Professor für Geschichte

Der Autor

Dr. jur. Otto Ludwig Ortner wurde am 12. Februar 1936 als viertes von sechs Kindern des Universitätsassistenten und späteren ordentlichen Universitätsprofessors und Mitglieds der Österreichischen Akademie der Wissenschaften, Dr. phil. Gustav Ortner und der Dr. phil. Felicitas, geborene Weiss von Tessbach, in Wien geboren. Er besuchte die Volksschule in Wien und Tabor, Tschechien, dann das humanistische Gymnasium in Wien und die Universitäten in Wien, Princeton und Paris. Seit 1970 war er freier Rechtsanwalt in Wien und Syndikus der Oesterreichischen Kontrollbank AG. Er emeritierte krankheitshalber am 30. Juni 1998.
Er ist Autor juristischer, rechtsphilosophischer und literarischer Veröffentlichungen. Sein literarisches Werk „Sonnenaufgang über Österreich" ist zufällig am Sterbetag der verehrungswürdigen Kaiserin und Königin Zita, dem 14. März 1989, erschienen. Obwohl von der Presse verschwiegen, wurde es unter den Auspizien der französischen Botschaft am 6. Februar 1990 im Französischen Kulturinstitut im Palais Clam-Gallas öffentlich vorgestellt. Anläßlich dieser Präsentation wurde die Bestattung der Kriegs-, Bomben- und Terrortoten durch die Errichtung von Grabeskirchen in Stalingrad und Princeton und des Tempels von Jerusalem für das Jüdische Volk vorgeschlagen.

Die Unterstützung kirchlicher und politischer Kreise ermöglichten dem Autor, mit der feierlichen Einsegnung der bislang unbestatteten Toten der sechsten Armee in Stalingrad am 20. September 1992, dieses Friedenswerk zu beginnen.
Der Autor ist seit 1970 mit Gloria, geb. Mihsbichler, einer vormaligen Bankangestellten und Laientheologin, verheiratet, die ihm 1974 die Tochter Maria-Christina und 1976 den Sohn Clemens gebar.
Das hauptsächliche politische Anliegen des Autors ist die Wiederherstellung des vollen Bürgerrechtes der von der Republik Österreich verfolgten Minderheiten, nämlich der Nachkommen der Kaiserin Maria-Theresia und der Österreicher mit jüdischem Hintergrund. Dann erst wird Österreich das sein, was ihm von alters her geweissagt wird, nämlich
DER STAAT, DURCH DEN UND IN DEM DIE MENSCHLICHE ZIVILISATION ÜBERLEBT (A.E.I.O.U.).

PRINCETON UNIVERSITY
PRINCETON, NEW JERSEY

Department of Politics

July 9, 1957

To whom it may concern:

Otto Ortner was enrolled in Princeton University as a special student, with the status of a Junior (third year student) during the academic year, 1956-57. He chose affiliation with the Department of Politics and met all of the requirements of a third year student in an exemplary manner.

With a grading scale from 1 to 7, with 1 the highest, Mr. Ortner had a departmental average of 1.3, the highest of the forty-six men enrolled in that class. His grades were as follows:

302 (Govt of W. Europe) - 1
315 (Amer Foreign Policy) - 1
303 (Hist of Polit Theory) - 1
Econ 302 (Int Trade & Finance) - 2.7
Independent work - 1.3

Members of the Department of Politics have spoken in most favorable terms of the zeal, intelligence and responsibility with which he pursued his studies during his one year with us.

We feel that we can recommend Mr. Ortner with complete confidence for any position in which outstanding academic talents and high personal qualities are essential.

Very truly yours,

William M. Beaney

William M. Beaney
Associate Prof. of Politics

I.
Abschiedsrede als Rechtsanwalt

II.
Stalingrad
Princeton'sche Bekenntnisse

III.
Österreichs erlebte Geschichte in freien Hexametern

Dellacher Elegien (1938-1945)
Lichtenberger Elegien (1945-1989)

IV.
Lyrik eines erfüllten Lebens
von Otto Ludwig Ortner

I.
Abschiedsrede als Rechtsanwalt

TISCHREDE

Sehr geehrter Herr Min.-Rat Dr. Melicher!
Sehr geehrte Frau Min.-Rat Dr. Weissbacher!

Verehrte Herren des Vorstandes!

Liebe Freunde!

Nach vierzigjähriger Berufstätigkeit hat mir mein Arzt Schonung empfohlen, und so heißt es Abschied nehmen von unserem gemeinsamen Haus, dem ich seit 1967 angehören durfte, zuerst als Bankbeamter und Leiter des Rechtsbüros, seit 1970 als Konsulent und Syndikus, sodaß mir auch der Aufbau einer Rechtsanwaltskanzlei möglich war. Viele Persönlichkeiten, deren beruflichen Lebensweg ich dabei begleitete, sind nicht mehr unter uns, so mein unvergessener Förderer, Dr. Helmut Haschek.

In diesem Hause habe ich auch meine Frau Gloria im Kollegenkreis gefunden. So ist Dank angesagt. Dank für ein reiches Berufsleben, von dessen tiefer Sinnhaftigkeit ich immer überzeugt war: Der internationale Handel ist das wichtigste Mittel der Völkerverständigung und das stärkste Motiv der Erhaltung des Friedens unter den Völkern. Ihm dient jedenfalls die Seite der Exportförderung und Exportfinanzierung, die unser Haus betreut. Doch auch der Kapitalmarkt hat in diesem Zusammenhang seine Funktion, Unfrieden ist immer auch Kapitalvernichtung, wie wir es aus den Bildern im Fernsehen jetzt seit Jahren fast täglich sehen können.

Der Anwaltsberuf war nicht meine Wahl, ich wollte akademischer Lehrer werden wie mein Vater, und zwar für Staatslehre. Aus Erfahrung wollte ich jedoch eine Familie den Risken einer engagierten Lehrtätigkeit nicht aussetzen und suchte nach Abschluß meiner juristischen Ausbildung im Jahre 1961 um Aufnahme in den Jesuiten-Orden an. Im Hinblick auf meine bereits damals erschütterte Gesundheit wurde das Ansuchen abgewiesen. Ich setzte die Anwaltsausbildung bei einem berühmten Industriejuristen,

Dr. Franz Schneider, und dem Strafverteidiger Dr. Gürtler fort. Den zweiten Fluchtversuch, diesmal in das Bankgeschäft, vereitelte der Vorstand dieses Hauses, und so wurde ich 1970 freier Rechtsanwalt. Was ist ein Rechtsanwalt? Er ist ein ausgebildeter Jurist, der in ihren Rechten bedrohten oder verletzten Menschen zu ihrem Recht verhelfen soll. Dabei hat ihn sein Auftrag, das Gesetz und sein Gewissen zu leiten. So bleibt die Frage, was das Recht ist. An der Universität wurde ich unterrichtet, das Recht sei die Technik des Machthabers zur Ordnung der Gesellschaft und von der Moral autonom. In den letzten Jahren hat man das meiner 1974 geborenen Tochter noch so beigebracht. Da ich mit meinen Verwandten Opfer ethnischer und politischer Verfolgung, Enteignung und Vertreibung wurde, konnte ich diese „reine Rechtslehre" nicht akzeptieren, die ja durch die UN-Menschenrechtskonvention und die Europäische Menschenrechtskonvention überholt ist, die dem Gesetzgeber die Schranken dieser Konventionen auferlegen.

Historisch entspringt das Recht der europäischen Staaten zwei Quellen:
1. den Zehn Geboten des Moses;
2. dem Grundgesetz der römischen Republik, dem „Zwölftafelgesetz".

Das erste Gesetzgebungswerk gebietet zehn Verhaltensregeln mit „Du sollst" und verheißt den Dienern dieser Satzung das gelobte Land, in dem Milch und Honig fließen. Strafen sind im Dekalog keine vorgesehen. Das zweite Gesetzgebungswerk stellt Straftatbestände auf und bedroht sie mit Sanktionen, so die Schmähung eines Bürgers mit dem Tod, da die Souveränität der Republik auf der Integrität ihrer Bürger beruhe. Der Anlaß des Dekalogs war der Auszug der Stämme Israels aus dem Sklavenhaus des ägyptischen Pharao, jener des Zwölftafelgesetzes die Vergewaltigung einer römischen Frau, Lukrezias, durch den letzten König Roms, Tarquinius Superbus. In beiden Fällen ist das Ziel der besprochenen Gesetzgebung die Bewahrung der Stammesangehörigen bzw. Bürger vor Verletzungen ihrer Menschenwürde, die die biblische Offenbarung mit der Gottebenbildlichkeit des Menschen begründet. So ist das Recht als Forderung nach einem Verhalten zu verstehen, das im sozialen Zusammenleben niemand in seiner menschlichen Würde verletzt, und die Berufung des Anwalts ist letzten Endes die Verteidigung der Humanität.

Die biblische und römische Tradition hat die Erscheinung des jüdischen Rabbi Jesus von Nazareth während des ersten Prinzipats von Kaiser Augustus in Verbindung gebracht. Jesus hat die jüdische Stammesreligion allen Völkern zugänglich gemacht und gleichzeitig durch die Lehre der Bergpredigt vollendet, die durchaus rechtspolitisch ist mit ihrer Forderung des Gewaltverzichts und der Bereitschaft, den Umkehrenden zu vergeben.

Bekanntlich entwickelte sich das römische Weltreich nach grausamen Christenverfolgungen zum byzantinischen Kaiserreich, das erst in der russischen Oktoberrevolution 1917 zerbrach, und zum Heiligen Römischen Reich (fälschlich) Deutscher Nation, das in der Republik Österreich immer noch staatsrechtlich präsent ist, wie ich in meiner Schrift „Sonnenaufgang über Österreich" nachwies. Der Glaube an Österreich steht und fällt mit dem Glauben an das Reich des Vaterunser, des einzigen Gebetes, das uns Jesus von Nazareth gelehrt hat, und an die Gebote vom Sinai, ohne den kein Staat auf die Dauer bestehen kann.

Als politischer Schriftsteller habe ich um die Rehabilitation der von machttrunkenen Klerikern in ihr Gegenteil verkehrten Lehre Jesus von Nazareths, um die Rehabilitation des diesem Konflikt zum Opfer gefallenen Jan Hus, um die Rehabilitation der „Reine Adultère", der ehebrecherischen Königin, Marie-Antoinette, um Gerechtigkeit für unsere jüdischen Mitbürger, um das Lebensrecht der Ungeborenen, die verfassungsrechtliche Gleichstellung der Habsburger in Österreich, um das Recht der Toten auf eine menschenwürdige Bestattung, ja sogar um Verständnis geworben, daß die Verbrechen der Nazi mitverschuldet sind von der „reinen Rechtslehre" des ethisch ungebundenen Staates.
Es ist meine Meinung, daß der fortschreitenden Verelendung, die auch den Namen Arbeitslosigkeit und „Single-Dasein" trägt, nur durch eine Rückkehr zu den biblischen Wurzeln unserer Rechts- und Staatsordnung erfolgreich begegnet werden kann, die vor allem in der Jugendbildung schon im Kindesalter ansetzen muß, denn die Verheißung des gelobten Landes für die Diener der Satzung des Sinai ist nicht leer, sondern millionenfach bewährt.

Zum Schluß will ich ein Dank-Geschenk verteilen, das mit meiner Tätigkeit in der Kontrollbank in engem Zusammenhang steht:
Als ich 1967 nach Abschluß der Rechtsanwaltsausbildung in das Sekretariat unseres Hauses eintrat, ging ich mit einem literarischen Vorhaben schwanger, der dichterischen Gestaltung der Schwester der Antigone, „Ismene“, und im Herbst 1967 schrieb ich sie in den Nachtstunden nieder. Das Werk fand erst in den 80er Jahren Beachtung und brachte mir eine Einladung des Patriarchen von Moskau ein, mit einer Kirchendelegation die Toten von Stalingrad zu bestatten, die so an ihrem Grab die Gemeinde Jesu vereinten. Doch 1982 ließ ich von unserem Freund Heini Holzer einen Sonderdruck in 200 Exemplaren herstellen, die nur an meine Familienangehörigen und Freunde verteilt wurden. Einen Restposten habe ich mitgebracht, es ist das Kostbarste, das ich Euch geben kann, mit Dank und vielen guten Wünschen mit meiner Widmung.

Mit nochmaligem herzlichem Dank erhebe ich mein Glas auf eine gute Zukunft dieses Hauses und unseres Vaterlandes sowie der ganzen Welt.

Wien, 30. Juni 1998
Dr. Otto Ortner

II.
Stalingrad
Princeton'sche Bekenntnisse
(Mai 1993)

Stalingrad

Princeton'sche Bekenntnisse

Am 20. November 1992 fand auf dem Schlachtfeld Bolsaje Rossosko bei Wolgograd (Stalingrad) über Einladung der russisch-orthodoxen Kirche und unter Assistenz von ranghohen Geistlichen der russisch-orthodoxen, römisch-katholischen und evangelischen Kirchen die Einsegnung der Kriegstoten statt. Am 1. Februar 1993 wurde für sie in St. Stephan zu Wien ein feierliches Requiem gelesen, bei dem auch der russisch-orthodoxe Metropolit, Erzbischof Irinej, eine Predigt für Frieden und Vergebung hielt. Bei diesem Anlaß wurde meine Urheberschaft dieses frommen Werkes vom Hauptzelebranten, Militärbischof Dr. Kosteletzky, vom Hochmeister des Deutschen Ordens, Dr. Wieland und Nuntius Dr. Squicciarini öffentlich anerkannt und im folgenden beschreibe ich seinen Werdegang, der nach meinen Intentionen in der Errichtung einer ökumenischen Kirche in Wolgograd seine Krönung finden soll - „ut omnes unum sint."

„Princeton'sche Bekenntnisse" habe ich als Untertitel gewählt, weil ich in meiner geistigen Entwicklung einerseits stark von Augustinus, der seine berühmten „Bekenntnisse" schrieb, geprägt bin, andererseits von der Universität Princeton, wo ich 1956/57 als „Fulbright Scholar" an der dortigen politischen Akademie Staatswissenschaften studierte. Princeton wurde 1746 von frommen Calvinern, die sich ja auch auf Augustinus berufen, gegründet, und seine Bibelgelehrten standen Pate bei der Gründung der „Vereinigten Staaten von Amerika", 1786 in Philadelphia, die als protestantischer Gottesstaat eingerichtet wurden. Von dort breitete sich der freiheitliche, demokratische Rechtsstaat nach Osten aus - über Frankreich nach Mittel- und Osteuropa und weiter. Der Prozeß ist nicht umkehrbar, aber noch sehr ungeordnet.

Princeton hatte mich auch die völlige Ehrlichkeit in meinen mündlichen und schriftlichen Äußerungen gelehrt - dort wird einfach nicht geschwindelt - so wie Augustinus in seinen „Bekenntnissen“ nicht geschwindelt hat, mit dem Erfolg, daß sie die einzige Schrift der Antike sind, die jedes Buchsortiment greifbar hat, nach über 1500 Jahren.

Vor Jahren beschrieb die österreichische Schriftstellerin Gertrud Fussenegger im „Spektrum“, der Sonntagsbeilage der Wiener Tageszeitung „Die Presse“, den Unterschied zwischen Geschichtsschreibung und Literatur an Hand des zeitgenössischen Berichtes über die Aufstellung des Obelisken am Petersplatz in Rom im 17. Jahrhundert. Der Papst hatte den berühmtesten Physiker der Zeit mit der Leitung der Arbeiten beauftragt und dieser hatte ein völliges Schweigegebot für alle Zuseher verlangt, damit die Arbeitskommandos nicht überhört würden. Bei Todesstrafe war daher jeder Laut verboten worden.

Alles war vorbereitet, eine Rampe, Seile, Rollen, Flaschenzüge, viele Zugpferde, Arbeiter. Langsam hob sich der Obelisk, doch dann geriet er in’s Wanken und drohte zu stürzen und zu zerbrechen. Soweit die Geschichtsschreibung. Und jetzt kommt die - historische - Literatur ins Spiel: Sein Leben verwirkend, brüllte ein Matrose über den Platz: „Gießt Wasser auf die Seile!“ Man folgte ihm, die Seile strafften sich wieder und bis heute steht der Obelisk an seinem Platz. Der Matrose wurde nicht nur begnadigt, er erhielt auch das ausschließliche, erbliche Privileg, jährlich am Palmsonntag die Palmzweige in Rom zu verkaufen.
Auch ich möchte angesichts der vielen Greuel, die uns die Nachrichten aus der Welt über die Medien zutragen, und die den Sturz der menschlichen Zivilisation in Anarchie und barbarische Grausamkeiten befürchten lassen, über den Platz rufen:

„Alles Recht geht von Gott aus !“

Er hat es den Menschen in ihr Herz geschrieben, als er sie erschuf, und sie können es, wenn sie die Sünde meiden, selbst erkennen. Doch hat Gott den Menschen den Weg der Erkenntnis erleichtert, indem er dem Moses die 10 Gebote gab. Kein Gesetz kann Bestand haben, das die 10 Gebote verletzt, denn es würde die Menschen töten.

Nachdem ich das Wesentliche gesagt habe, will ich meinen Weg nach Stalingrad beschreiben, und ich verspreche dem Leser literarische Qualität.

1. Tabor

Die Aussöhnung mit der slawischen Welt liegt mir deshalb am Herzen, weil ich bis zu meinem zehnten Lebensjahr in enger und liebevoller Gemeinschaft mit Tschechen lebte, auf dem Gut Pacov bei Tabor, das meine Mutter gemeinsam mit ihren drei Geschwistern von meinem Großvater geerbt hatte. In Pacov war die Familie meiner Mutter die einzige deutschsprachige Familie, sodaß wir natürlich auch Tschechisch sprachen. Mein erster Religionslehrer war der tschechische Dechant, der schwer zuckerkrank war und keine Zähne hatte. Während der Religionsstunde tauchte er trockenes Brot in den Ersatzkaffee, um es aufzuweichen. Aus seinen Augen aber strahlte die Glückseligkeit der wohlverstandenen Botschaft des Rabbi Jesus von Nazareth und sie hat mich seither nicht verlassen. Ich hatte auch eine tschechische Kinderfrau, Anna Sobotkova. Die Idylle endete im Mai 1945 tragisch. Mein Onkel Otto wurde im Wald zu Tode geprügelt und liegen gelassen. Erst drei Tage später wurde meine Mutter von loyalen Tschechen vertraulich informiert. Anna Sobotkova's Mann Josef begleitete meine Mutter in den Wald und barg mit ihr den Leichnam meines armen Onkels, um ihn am Friedhof beizusetzen, wo meine Mutter ein Einzelgrab erstritt - das war damals ein großes Privileg. Der Priester kam nicht, und so verrichtete meine Mutter die Totengebete und stellte ein eisernes Kreuz auf das Grab.

Dieses Erlebnis, daß nämlich meine Mutter ihre sechs Kinder im Feindesland allein ließ, um einen Toten zu bergen, hat mir die Überzeugung vermittelt, daß die Ehre der Toten im Rang vor der Sorge über die Lebenden steht. Mein Vater war schon zu Ostern 1945 nach Wien gefahren, um das von ihm geleitete Universitätsinstitut, das Wiener Radiuminstitut, der anrückenden Roten Armee zu übergeben.

2. Wien

Meine Mutter hatte in Wien ein Haus gegenüber der Mauer des Schloßparks von Schönbrunn, das ihren Stadtwohnsitz darstellte. Es lag in der Maxingstraße, die zu Kasernen von Waffen-SS, Wehrmacht und Luftwaffe führte, sodaß ich in meiner Volksschulzeit seit 1942 viel mit deutschem Militär in Berührung kam. Ich erinnere mich, daß im Winter 1942/1943 die Stimmung in der Wiener Bevölkerung gegen die Nationalsozialisten umschlug, da zu dieser Jahreswende an der Schlacht von Stalingrad das militärische Debakel des Deutschen Reiches jedermann erkennbar wurde.

Hatte ich bis 1945 abwechselnd in Pacov und Wien gelebt, wurde nach unserer Ausweisung vom 1. Juni 1945 die alte Kaiserstadt an der Donau meine einzige Heimat - ohne daß ich Böhmen vergessen hätte, wie mein schriftstellerisches Werk beweist. Völlig ausgeraubt kamen wir nach einer fünftägigen Odyssee in der Leopoldau an - nach Wien konnte kein Zug fahren, denn es gab keine Brücke.
Zu Fuß zogen wir in die grausam verstümmelte Stadt bis nach Hietzing in die Maxingstraße. Das Haus stand, beträchtlich beschädigt, ohne Fensterscheiben, ohne Gas und Strom, zuerst auch ohne Wasser. Der Hunger war grausam. Mein Vater war von den Russen verhaftet worden und unbekannten Aufenthaltes. Meine Mutter versuchte, von befreundeten Gutsbesitzern in Niederösterreich Lebensmittel zu erlangen, zumal einzelne meiner Geschwister bereits vor Hunger krank wurden. Ich begleitete sie auf diesen unvorstellbar strapaziösen „Hamsterfahrten". Von den Gewaltmärschen der Austreibung hatte meine Mutter ein Krampfaderngeschwür, das bei Krems aufbrach. Niemand beachtete meine im Straßengraben verblutende Mutter, bis ich einen russischen Soldaten tschechisch ansprach. Er band den blutenden Fuß ab und holte den Militärarzt, der die Wunde versorgte. So rettete mich ein russischer Soldat aus der größten Bedrängnis meines Lebens.

Schon in meiner Volksschulzeit hatte ich in der Kirche bei Andachten ministriert, aber erst 1945 erlernte ich die damals vorgeschriebenen lateinischen Meßgebete, sodaß ich in der ärgsten Hungerzeit zum ersten Mal mit

einem Freund, der gleichfalls Anfänger war, bei einer Messe unseres Kaplan B. ministrierte. Wir waren dabei von einer unbändigen Fröhlichkeit erfüllt und mußten uns bemühen, nicht laut zu lachen. Wir machten auch vieles falsch, der Weg zur Meisterschaft ist lang und steinig. Kaplan B. bemerkte danach, wir hätten ein Kasperltheater aufgeführt. Im Hungerjahr 1945/1946 ministrierte ich täglich um 06.30 Uhr, obwohl ich gerne länger geschlafen hätte. Im Winter hatte ich viel zu große, französische Militärschuhe an, die die Witwe nach Onkel Otto, eine französische Prinzessin, dem französischen Oberkommandierenden Béthouard für mich abgebettelt hatte.
In diesem Hungerwinter hob unser Bundeskanzler Dr. Leopold Figl Österreich neu aus der Taufe, mit seiner Weihnachtsansprache, als er die Österreicher aufrief: „Ich kann Euch nichts geben, keine Kohle, keine Kartoffel, kein Glas zum einschneiden - wir haben nichts. Ich bitte Euch nur eins: Glaubt an dieses Österreich.“ Die Identität des Österreichers ist sein Glaube an Österreich - Österreich ist demnach kein revolutionärer Nationalstaat wie Italien, sondern ein auf dem Glauben beruhender Staat.

Kaplan B. setzte mich auch als Sänger in der Kirche ein, als Solist und im Chor, vor allem in der Weihnachtszeit. Unsere Mutter führte uns Kinder auch regelmäßig in die Oper und sogar zu den Salzburger Festspielen, sodaß die Musik von Jugend an meine Begleiterin war. Meine Ministrantentätigkeit endete, als ich in die Wiener Gesellschaft eingeführt wurde. Vorher hatte sich in Hietzing eine menschliche Katastrophe ereignet: Kaplan B. und seine langjährige Assistentin, Fräulein P. hatten sich unsterblich ineinander verliebt. Sie übten jedoch heldenhaften Verzicht. Ihre Tragödie hat mich jedoch an der Sinnhaftigkeit des Zölibats irre werden lassen, bis zu meinen Erfahrungen mit der Stalingradinitiative.

Bis 1954 besuchte ich das Hietzinger Gymnasium, der ehemalige Divisionspfarrer von Stalingrad, Monsignore Dr. Alois Beck, war mein verehrter Lehrer. Ich war fast immer Vorzugsschüler und sowohl in den mathematischen, als auch in den humanistischen Fächern begabt. Cicero’s Schrift „De Officiis“ bestimmte mich zum Studium der Rechte. Mein zweiter Bezug zu Stalingrad war die Lektüre der „Antigone“ des Sophokles in der

Griechischstunde, in der Antigone, die Schwester des Staatsfeindes Polyneikes, gegen staatliches Gebot diesem die letzte Ehre gewährt und dadurch zu Tode kommt. Mein erstes Gedicht, das damals entstand, handelt von der Ehre der Toten:

Novembergedanken

Der jugendschöne Frühling ist vergangen
vorbei des Sommers heller Traum:
die sterbende Natur erfüllt mit Todesbangen
und kahle Öde gibt der Trauer Raum.

Zu Gräbern gehen wir auf laubbedeckten Wegen,
getreue Liebe heißt uns dieses kindlich Tun,
und fröstelnd stehen wir dort in Wind und Regen
indes uns unerreichbar fern die Toten ruh'n."

Die Maturareise führte uns nach Rom als Ordnertruppe einer von Dr. Beck, dem Stalingradpfarrer, geführten Pilgerreise. Unter dem Eindruck der Osterpredigt von Papst Pius XII. schrieb ich mein Gedicht „Urbi et Orbi" über die friedenstiftende Botschaft Jesu.

Nach der Matura wollte ich in England Englisch lernen, erhielt aber kein Visum. So verdingte ich mich in der Nähe des Sommersitzes meiner Mutter, des Schlosses Lichtenberg bei Saalfelden, bei den Tauernkraftwerken von Kaprun, die schon meine älteren Brüder als ergiebige Geldquelle entdeckt hatten. Während diese jedoch auf den Höhen der technischen und kaufmännischen Intelligenz gewirkt hatten, wurde ich Hilfsarbeiter bei der Rumpel AG, einer Tochtergesellschaft der VOEST. Deren Bautrupp, der die Rohrleitungen in den Druckstollen der Limbergsperre verlegte, bestand ausschließlich aus einfachen Soldaten der Waffen-SS, der Partieführer war ein ehemaliger Unterscharführer der Leibstandarte Adolf Hitler, P.R.. Es waren österreichische Katholiken mit Hauptschulbildung. Keiner hatte ein Konzentrationslager gesehen. Sie hatten ausschließlich Kriegsdienst geleistet. An der Ostfront galt in der Roten Armee der Befehl, Angehörige der

Waffen-SS sofort zu erschießen, wenn man ihrer habhaft wurde. So räumten sie ihre Stellungen als letzte in der besten Ordnung und erlebten das Kriegsende. Statt sie mit einem Bankett zu ehren, wurden sie viele Jahre zu schwerster Zwangsarbeit herangezogen. Jetzt waren sie heimgekehrt, hatten sich vermählt und verdienten in Kaprun das erste Geld ihres Lebens, manche mit über 30 Jahren und mehr.
Wir arbeiteten von 6 Uhr früh bis 9 Uhr abends, und waren so fröhlich wie ich bei meiner ersten Messe. Alle zwei Wochen gab's vier Tage Urlaub. Diese Männer waren das Gegenteil von Verbrechern, doch gab es auch eine andere SS, von der ich später berichten werde.

3. Princeton

Als für meine Begriffe wohlhabender Mann begann ich mein Jus-Studium. Daneben setzte ich meine, schon in der Oberstufe der Mittelschule begonnene, Tätigkeit als Privatlehrer für Nachhilfe und Maturavorbereitung fort. Der ausgezeichnete Erfolg bei der ersten Staatsprüfung verhalf mir zu einem Fulbright Stipendium.
Ein junger Amerikaner, den eine Freundin meiner Schwester in die Familie eingeführt hatte, riet mir, nach Princeton zu gehen. Der Plan gelang und am Weg nach Princeton, vor dem Bahnhof in New York, traf ich diesen jungen Amerikaner wieder. Er wünschte mir viel Glück. Es muß Hermes, der Götterbote, gewesen sein, ich habe ihn nur diese beiden Male gesehen.
In Princeton hatte ich einen Lehrer, Otto Butz, der in öffentlicher Vorlesung 1956 vortrug, die Deutschen seien keineswegs besonders kriminell, sie hätten nur eine besonders tragische Geschichte.
Auch in Princeton arbeitete ich sehr viel, zwar nicht von 6 bis 21 Uhr, sondern von 9 Uhr bis 2 Uhr früh des nächsten Morgens und bewältigte so einen großen Teil der staatsphilosophischen Literatur unseres Kulturkreises.
Dabei kam mir ein völlig ungetrübtes Wohlbefinden zugute. Meine Wiener Komilitonin, Susi Draxler, verheiratete Nati, hob die Briefe auf, die ich ihr aus Princeton schrieb. Sie weisen mich als glühenden österreichischen Patrioten aus, begierig, in und für Österreich zu arbeiten.

Nach einem einträglichen Sommer als Arbeiter in Kanada kehrte ich schweren Herzens nach Wien zurück, wo ich mein Studium in Kürze abschloß und bei der Prüfung von einem der hervorragendsten Wirtschaftsanwälte Wiens, Dr. Franz Schneider, angeworben wurde. Er war mit einer jüdischen Frau verheiratet und war während des Krieges im Exil in England, von wo er erst 1946 zurückkehrte. Daher hatte er viele Verbindungen mit antinazistischen, und auch jüdischen Kreisen in Österreich.

Im Jahre 1959 war die Ehe meiner Eltern in großer Bedrängnis. Mein Vater war, zum Teil seiner Einstellung als „Nationaler", zum Teil den Berufserfordernissen des Hochschuldienstes folgend, 1938 der NSDAP beigetreten. Zu dieser Zeit war dies nicht anstößig, hatten sich doch sowohl die österreichischen Bischöfe, als auch der Führer der österreichischen Sozialdemokratie, Dr. Karl Renner, im März und April 1938 vorbehaltlos zum Nationalsozialismus bekannt (siehe Dokumentationsarchiv des österreichischen Widerstandes, „Anschluß" 1938, Österreichischer Bundesverlag 1988, „Feierliche Erklärung der österreichischen Bischöfe", 18.3.1938, S. 449; Interview mit dem ehemaligen Staatskanzler Karl Renner, 3.4.1938, Neues Wiener Tagblatt vom 3.4.1938, S. 467).

Während allerdings die Bischöfe und Dr. Renner sich rechtzeitig eines Besseren besannen, wurden mein Vater und viele andere in ihrem Auftrag grausam verfolgt. Von 1945 bis 1950 war mein Vater arbeitslos, obwohl er bereits 1947 entnazifiziert wurde. 1950 - 1955 wirkte er in Kairo. Erst nach 1955 wurde er der Pionier der Kernenergie in Österreich.

1959 lag nun eine Trennung meiner Eltern in der Luft, ich rang um Abhilfe und verbrachte auf dem Höhepunkt der Krise Tage im Gebet. Im Juni 1959 hatte ich eine Einladung zur Priesterweihe meines Klassenkameraden Alfons B. Übernächtig stand ich bei der dritten Säule vor dem Volksaltar von St. Stephan, als sich die Priesteramtskandidaten niederwarfen und Kardinal Dr. König sie aufrief: „Mehret die Liebe, vollendet das Werk".
„Da hat eine große Macht mich angerührt von oben bis ans Herz" (Hofmannsthal), ich ging nach Hause und bat meine Mutter, ein Abend-

essen für alle am Ehedrama Beteiligten zu richten. Meine Entschiedenheit machte es möglich - ich verbrachte die Wartezeit im Gebet, bekleidete mich dann mit meinem Abendanzug, und als alle bei Tisch saßen, sprach ich insgeheim, und ohne daß es jemand merkte, über das Weißgebäck und den Wein die Wandlungsworte.
Der Abend war zauberhaft, die Dissonanz wich der Harmonie.
Meine Eltern starben 25 Jahre später in der Gnade ihres Brautstandes.

4. Die Bescherung

Nach dem letzten Rigorosum begann ich das Gerichtsjahr in Saalfelden, um den Sommer zu nutzen. Das Oberlandesgericht Linz ließ sich aber mit der Versetzung nach Wien Zeit, wohl um einem verwöhnten jungen Mann den Ernst des Justizdienstes nahezubringen.
So war ich im Herbst 1959 mutterseelenallein mit dem Personal in dem vormals reichsfürstlichen Schloß Lichtenberg, das mein Urgroßvater vor dem Verfall bewahrt hatte, der schon weit fortgeschritten war. Ich hatte dort einen Band ausgewählter Schriften von Aurelius Augustinus, der mir natürlich schon in Princeton begegnet war. Er verkürzte mir die Nächte nach dem Gerichtsdienst, denn an den freien Tagen ging ich in die Berge. Gestärkt an Leib und Seele fuhr ich nach Wien, um das Mädchen zu gewinnen, mit dem ich seit 1955 befreundet war und das ich sehr liebte. Jetzt, da ich in's Berufsleben eintrat, zog sie zurück, in einer Weise, die ich nie verstand. Nach einem qualvollen Jahr, gemildert durch die sehr interessante Tätigkeit bei Gericht und Dr. Schneider, fuhr ich im Herbst 1960 nach Paris, als Stipendiat der französischen Regierung.

Hier reifte mein lang überlegter Entschluß, in die Gesellschaft Jesu einzutreten, um Priester auch im Rechtssinne zu werden - denn ich habe nie daran gezweifelt, daß ich im Sommer 1959 ein priesterliches Werk verrichtet hatte.

In Paris wurde ich von den wenigen Bekannten, die ich dort hatte, sehr freundlich aufgenommen und in die Pariser Gesellschaft eingeführt, die mich zu Bällen in Pariser Palais' einlud.

Die Herzen flogen mir zu. Ich besuchte regelmäßig die Theater und am vierten Adventsonntag nach der Abendmesse in der Pfarrkirche von St. Germain schlug das Schicksal im Palais Chaillot anläßlich der Aufführung der „Antigone“ des Sophokles unter Jean Vilar zu: Ich erkannte in Polyneikes’ Schicksal, dem bekanntlich das Begräbnis vom Tyrannen verweigert wurde, das Schicksal der Jugend Deutschlands und Österreichs, deren Soldatenopfer, der Tod am Feld der Ehre, mit Schimpf entgolten wurde. Mit einer Dichtung mußte ich dem begegnen, der „Ismene“, dem Grabgesang von Wehrmacht, Waffen-SS und Widerstand. Deren Positionen waren alle legitim, nur nicht das Überläufertum.

Am nächsten Tag besorgte ich Schreibmaterial und flog, einer bestehenden Einladung folgend, nach England, um bei meiner Schwester Fay, die mit dem Prinzen Louis de Rohan verheiratet war, die Weihnachtsferien zu verbringen und die „Ismene“ niederzuschreiben, die ich lebendig vor Augen hatte.

Am 24. Dezember 1960 erwartete ich irrigerweise meine verlorene Herzdame unter dem Christbaum. Statt dessen traf mich dort ein Blitzstrahl. Von Entsetzen gepackt stürmte ich aus dem Salon der Prinzessin von Rohan und die Stiegen hinauf in mein Zimmer. Wie der Matrose auf dem Petersplatz brüllte ich durch das Haus: „Haut ab, ihr dreckigen Schweine, ich mag euch nicht!“ Mein entgeisterter Schwager eilte mir nach, ich sagte noch: „Louis, warum sagt ihr, daß die Deutschen Menschenfresser sind. Dieses Volk hat Christus sein Schwert geliehen und man hat es geköpft.“ Dann fiel ich besinnungslos auf mein Bett.

Als ich zu mir kam, war ich verwirrt. Mein Schwager entledigte sich meiner, indem er mich in den Zug nach London setzte.

Ich ließ mein Gepäck in Victoria Station stehen und ging in der Nacht durch das eisige London bis St. Paul, wo ich meinen Rosenkranz in den Kirchgarten warf. Dann kletterte ich über den Zaun, um dort am Morgen für Deutschland zu predigen. Die Londoner Polizei nahm mich in ihre Obhut, ich sagte: „I was too young to die for you, my holy Germany, thus I can speak for you“ und im Gedenken an die Gefallenen: „Don’t injure heroes, kneel down.“

Nach der Aufnahme meiner Personalien wurde ich in’s St. Francis Hospital überstellt, drei Wärter zogen mich aus, steckten mich in eine Zwangsjacke und in eine Gummizelle. Dort predigte ich im Glauben, die Welt höre mir zu. Ich sprach von dem Tod aus Liebe, durch den Jesus uns erlöst hätte. Wir hätten Christus von Anbeginn als germanischen Fürsten erkannt, der Tod aus Liebe sei unsere Erfüllung, auch auf dem Schlachtfeld. Doch hätten die christlichen Priester Germanien in doppelter Weise betrogen. Sie hätten den Deutschen das Reich versprochen und mit der Ermordung ihrer Fürsten wieder genommen und sie hätten ihnen die Religion der Liebe versprochen, doch die Ehe zerstört, indem sie die sexuelle Liebe verleumdet hätten. Wenn ich dem Vorsatz der Princeton'schen Bekenntnisse, ehrlich zu sein, folge, muß ich auch niederschreiben, was ich im Londoner Irrenhaus über den Holocaust gesagt habe. Im folgenden werde ich mich korrigieren. 1960 meinte ich, die Nazis hätten zunächst die Emigration des jüdischen Volkes angestrebt und erst beim Einsetzen des Vernichtungskampfes gegen das deutsche Volk beschlossen, sich das jüdische Volk als einen vermeintlichen Todfeind vom Halse zu schaffen. Dies sei aber ein heiliges Verbrechen gewesen, die Rache des Todes Jesu, und hätte Israel nach Jerusalem heimgeführt, das es sonst nie wieder gesehen hätte.

Die Deutschen hätten zum Schwert gegriffen, um die Herrschaft des Kreuzes bis an der Erde Rand zu errichten, sie hätten Gott versucht und er habe sie erhört. Deutschland hätte der Menschheit die Kastanien aus dem Feuer geholt, nun sei Zeit für den ewigen Frieden im Zeichen des Kreuzes, und es werde ein Hirt sein und eine Herde.

Erfüllt von meiner Botschaft, empfand ich eine mystische Union mit Christus und die Berufung, die Ehre Österreichs und Deutschlands wiederherzustellen, in welcher Rolle immer. Während meines Krankenhausaufenthaltes wurde dem Hause Österreich, das ich immer verehrt hatte, ein Erbe geboren, dem ich als Legitimist die erste Rolle zuwies.
Unterdessen hatte die Londoner Polizei die österreichische Botschaft von meiner Erkrankung verständigt, und deren guter Engel, Johanna Breitenfeld, besuchte mich. Sie brachte auch mein Gepäck wieder zustande und verständigte meine Eltern. Ich kam nach Maudsley Hospital in sehr freundliche Pflege und beruhigte mich schnell.

Meine Mutter war nach London gekommen und brachte mich umgehend nach Wien - zu früh, wie sich in sehr leidvoller Weise zeigen sollte!

In princeton'scher Offenheit bekenne ich, daß ich auf der Heimreise in der Ebene von Kent Adolf Hitler aus einem Flammenkranz jubelnd zum Himmel fahren sah.

Zu Hause, in Hietzing eingelangt, griff ich zu meiner Plattensammlung, um am späten Abend Isolde's „Liebestod" zu hören. Dann ging ich die Maxingstraße hinauf zum Friedhof vor der Luftwaffenkaserne, wo sich jetzt das Gelände des ORF befindet, und rief die Toten. Ich sah die fröhlichen Soldaten am Himmel, bis mich dann ein Polizist nach Hause brachte. Mein Vater veranlaßte meine Aufnahme im psychiatrischen Krankenhaus „Am Steinhof", weil man dort die Behandlung mit Elektroschocks nicht mehr durchführte. Mir ging es einige Wochen sehr schlecht, und ich betete um mein junges Leben. Das Wunder geschah, vor allem durch die Hochherzigkeit meiner jüdischen geistigen Mutter, Dr. Anda Schneider: Am 1. April 1961 saß ich an meinem Schreibtisch in der Kanzlei Dr. Schneider und arbeitete um nichts schlechter, als im Oktober 1960. Die Ärzte sagten mir, ich hätte mich überanstrengt, sei jetzt aber gesund und müsse nur bis auf weiteres Medikamente nehmen. Im Mai 1961 absolvierte ich die Aufnahmskolloquien der Gesellschaft Jesu. Angesprochen auf die Geisteskrankheiten in der Familie, verneinte ich nach bestem Wissen und Gewissen. Ich erhielt also zunächst den Bescheid, ich sei für September aufgenommen. So überraschte mich die nachfolgende Absage und als ich den Pater Provinzial anrief, verordnete er einen einjährigen Aufschub. In der darauffolgenden Woche kam der Bescheid der Polizeidirektion, die mir wegen „Schizophrenie" den Führerschein abnahm. Jetzt wußte ich, wie es um mich stand.

5. Der Kampf ums Überleben - eine Auseinandersetzung mit dem Antisemitismus

Ohne Glauben und ohne Hoffnung sah ich mich einem erbarmungslosen, übermächtigen Feind gegenüber, wie meine Freunde in Kaprun. Auch die Wiener Gesellschaft schrieb mich ab, es gab keine Einladungen mehr. Das schmerzte zwar, war aber gut, zum Kampf gegen meine Krankheit benötigte ich auch Ruhe.

Solange die Arbeit gut ging - eine Anwaltskanzlei ist keine Behindertenwerkstatt - war keine akute Gefahr und so ging das Jahr 1961 gut vorbei. Ich erfuhr viel über das Schicksal der Wiener Juden, weil mein Chef mir Wiedergutmachungsfälle zur Bearbeitung zuwies. Ich sah die Berge von Todeserklärungsakten und die Akte der Arisierungsbehörde, ein Schandmahl der Wiener Katholiken, die sich bis heute straflos an ihrem Raub mästen. Auch meine Gedichte „Hymnus an den Heiligen Krieg“ und „Der Traum am Strom“ entstanden in dieser Zeit. Da ich gewohnt war, mich gewissenhaft auf Prüfungen vorzubereiten, nahm ich im April 1962 eine Stelle bei einem berühmten Strafverteidiger an, um auch im Strafrecht bei der Rechtsanwaltsprüfung, die im nächsten Jahr zu bestehen war, zu reüssieren. Wieder schlug das Schicksal zu: Im Sommer 1963 übernahm mein Chef die Verteidigung des SS Obersturmbannführers M., der im Kriege Stadtkommandant im Osten gewesen war und des Mordes an vielen Juden angeklagt wurde. Die Sowjets hatten ihn schon als Kriegsverbrecher verurteilt, doch 1955 war er, wie alle gefangen gehaltenen Österreicher, aus Rußland entlassen worden. Die neuerliche Anklage in Österreich führte in der Anwaltskanzlei, aber wohl auch in breiten Schichten der Bevölkerung, zu einem nationalen Rütlischwur gegen die jüdische Rache, wobei das Element der persönlichen Schuld des Angeklagten völlig außer Acht blieb. Das verletzte mein Rechtsgefühl, denn ich empfand, daß in breiten Kreisen der katholischen Bevölkerung die Ermordung von Juden nicht für strafwürdig gehalten wird. Die Verteidigung war daher zwar erfolgreich, doch weil sie die Schuld negierte, eine schmerzliche Wunde meines geliebten Österreich, das danach nicht mehr so nobel und anständig war, wie ich es mir wünsche.

Nach diesem Prozeß mußte ich wieder ins Spital und wurde in der Kanzlei sofort gekündigt.

An diesem Ort will ich meine Erkenntnisse zum Antisemitismus niederschreiben, denn die Schwierigkeit der Ehrung der Kriegstoten Österreichs und Deutschlands ist ja wohl in den Verbrechen gegen die Menschlichkeit, vor allem an Juden, begründet, die im Namen ihres Kriegsherren begangen wurden. Zunächst ist festzuhalten, daß der Stifter der Christlichen Religion der Jüdische Rabbi Jesus von Nazareth war, dessen Familie und Gefährten ausnahmslos Juden waren. Jesus sprach allerdings auch Römer und Samariter an, beschränkte seine Lehrtätigkeit also nicht nur auf Juden. Damit schuf er sich unter den zeitgenössischen religiösen Autoritäten große Feinde, doch kamen auch viele Juden zum Glauben an Jesus.
Nach dem Apostelkonzil von Jerusalem spaltete sich die Urkirche in „Judenchristen", die an der Beschneidung, Speisegeboten und anderen jüdischen Riten festhielten, sowie „Heidenchristen", die von dem spezifisch jüdischen Ritual befreit waren. Im römischen Imperium gaben die Judenchristen das Andenken an Jesus, also vor allem die Eucharistie, wieder auf, nur im Sassanidenreich hielten sich judenchristliche Gemeinden bis zum Arabersturm mit einer eigenständigen Theologie, die mein Freund Ludger Bernhard OSB erforschte.

Im Römischen Reich wird das erste Pogrom aus dem Mailand des Hl. Ambrosius berichtet, wo die Katholiken die Synagoge anzündeten. Die jüdische Gemeinde klagte die katholische auf Schadenersatz und gewann den Prozeß. Mit sehr unheiligem Eifer widersetzte sich der Hl. Ambrosius beim Kaiser der Vollstreckung des Urteils, die bis heute aussteht.

Eine neue Qualität gewann der Antisemitismus im 16. Jahrhundert in Spanien, dessen Adel in den vorangegangenen Jahrhunderten viele Ehen mit Kindern jüdischer Häuser eingegangen war. Als Waffe im Kampf um Pfründen gegen den spanischen Hochadel entwickelte der niedere Klerus das Konzept der „Limpieza de Sangre", des Ariernachweises, und zwang den spanischen Hochadel, seine Stammbäume umschreiben zu lassen. In der Folge nahm der Hl. Ignatius den Arierparagraphen in seine Konstitutionen auf, aus denen er erst 1946 entfernt wurde, ihm folgten viele kirchliche Korporationen (J.H. Elliott „Imperial Spain" 1963, S. 220; Sicroff „Les Controverses des Statuts de 'Pureté de Sang' en Espagne" du XVe au XVIIe siècle (Paris 1960, p. 138).

Die Judenpolitik des Dritten Reiches weist erstaunliche Parallelen zu der Philipp II. von Spanien auf, sodaß der jüdische Widerstand gegen den Karmel von Auschwitz wohl begründet ist.

Um diesen ecclesiogenen Rassismus zu interpretieren ist es hilfreich, sich vor Augen zu halten, daß in der indogermanischen Kastengesellschaft der Blutzauber eine große Rolle spielt, der gnadenspendende Zauber des Fürstenblutes, der heilbringende Zauber des Adelsblutes, die Bedeutungslosigkeit des Blutes des Nährstandes. Dazu trat nun der schädliche Zauber des Judenblutes, sozusagen der Negativadel.

Alle diese Vorstellungen laufen den Gesetzen zuwider, die Gott den Menschen in's Herz schrieb. Die Kirche wird wohlberaten sein, nach den Arierparagraphen auch die rassistischen Adelsparagraphen aus Satzungen streichen zu lassen, die sie approbiert. Die Macht des Adels ist die durch die Jahrhunderte gelebte Integrität, ein vitaler Adel muß immer ein offener Adel sein, der Rückzug ins Rassenghetto muß ihn zerstören.

Das Fieber des rassistischen Antisemitismus hatte nach der Kirchenspaltung und Reformation den mystischen Leib Christi befallen und stand auf seinem Höhepunkt, als die Nationalsozialisten in der Notzeit der Dreißiger Jahre die politische Arena betraten - keine Massenpartei hätte sich dem Antisemitismus widersetzen können, der, zusammen mit der Anschlußidee, Habsburg hinweggefegt hatte. Nach dem Vorbild der Habsburgergesetze, dem Prototyp der Rassengesetzgebung in der europäischen Rechtsgeschichte, die die österreichischen Sozialdemokraten bis heute mit Zähnen und Klauen verteidigen, erließen die Nationalsozialisten 1936 die Nürnberger Rassengesetze, die die jüdischen Bürger Deutschlands vom Connubium und Commercium mit „Deutschblütigen" ausschlossen, wie das im religiösen Bereich zwischen Katholiken und Juden gilt. Daß es dabei nicht blieb, liegt an der politischen Gesetzmäßigkeit populistischer Gewaltregime, die sich dort etablieren, wo die legitime, d.h. auf Gott und seine Gebote gegründete Herrschaft gestürzt wurde. Sie brauchen innere Feinde (Indianer, Aristokraten, Habsburger, Juden, etc.), um ihre Macht zu demonstrieren und sie zu erhalten. Wenn sie können, greifen sie ihre Nachbarn an (die jungen Vereinigten Staaten von Amerika, das revolutionäre Frankreich, das aus dem Deutschordensstaat hervorgegangene Königreich Preußen und seine Nachfolgestaaten, das Zweite und das Dritte Reich, das Königreich Italien, Serbien, etc.). Nur das katastrophale Ausmaß hat das Dritte Reich hervorgehoben und die religiöse und menschliche Einzigartigkeit der Shoah.

Ich kam mit dem Antisemitismus früh in Berührung, da meine Mutter Schülerin der Schwestern von „Notre Dame de Zion" war, die getaufte Juden betreuten. Meine Mutter hatte zeitlebens katholische Freundinnen jüdischer Herkunft und lud sie, sofern sie nicht emigriert waren, auch im Krieg mit ihren Kindern ein, zumal ihre „deutschblütigen" Männer sie verlassen hatten, um in Staat und Gesellschaft, auch der Zweiten Republik, Karriere zu machen. Bei einer Kinderjause hatte meine Mutter Spiele vorbereitet, so mit bunten Papierhüten, auch für die kleine „Halbjüdin" Claire. Plötzlich spuckte ein Bub in den Hut und sang: „Jud, Jud, spuck in Hut, sagt die Mutter, das ist gut" - und alle sangen mit. Claire sah mich mit schmerzverzerrtem Gesicht an - es war das Gesicht Jesu an der Geißelsäule. Claire ist heute mit einem Herrn der ersten Gesellschaft in Wien verheiratet.

Auch andere Kinder mit jüdischem Hintergrund fanden im Haus meiner Mutter in Wien und in Pacov Gastlichkeit.

Die Identifikation des Nationalsozialismus mit dem Antisemitismus ist also einseitig und führt nicht zur Überwindung desselben. Noch 1970 versuchte die ÖVP, Kreisky mit dem Wahlslogan zu schlagen: „Wählt Klaus, ein echter Österreicher". Damit sollte, wie mir bekannt ist, ausgesagt werden, daß Kreisky als Jude kein Österreicher sei. Als das schiefging, lamentierten die Verantwortlichen, daß sie sich so undeutlich ausdrücken mußten, sodaß das

Volk es nicht verstanden hätte - ich kann sie beruhigen, das Volk hat es verstanden. Auch der arme Dr. Graff mit seinen „sechs eigenhändig erwürgten Juden“ ist das Opfer einer religiösen Erziehung, die sein natürliches Gewissen so pervertiert hatte, daß er sich unverdientermaßen um eine große politische Laufbahn brachte. Auch in der Pfarrunde meiner Frau wurden bei der Weihnachtsfeier Judenwitze erzählt, vor allem von dem katholischen Erben einer berühmten jüdischen Wiener Familie. Als ich mich dagegen wandte, erklärte mir der Geistliche, es sei erlaubt, Juden nicht zu mögen, wie man etwa Italiener nicht mögen dürfe. Ich erwiderte, daß es nicht erlaubt sein, Italiener nicht zu mögen und überdies noch niemand mit viel Erfolg versucht hätte, die Italiener auszurotten. In der folgenden Debatte hielt der arme Geistliche mit der mörderischen Intention der Judenwitze nicht hinter dem Berg. Er war auch ein inbrünstiger Anbeter des Geblütsadels, also von der indogermanischen Zauberreligion überzeugt.

Als mir klar wurde, daß das Problem des Antisemitismus ein Problem der spirituellen Verelendung der gegenreformierten Katholiken ist, verglich ich die Lehrpläne des Religionsunterrichtes der Juden, Protestanten und Orthodoxen einerseits und der Katholiken andererseits. Die ersteren stellen die Bibel in den Mittelpunkt des Lehrplanes, sodaß sie mit einer halben Seites des Bundesgesetzblattes auskommen. Die römisch-katholische Kirche füllt 30 Seiten mit Soziologenwelsch. Ich schrieb Bischof Dr. Krenn und Unterrichtsminister Dr. Scholten in diesem Sinne. Geschehen ist noch nichts. Wie ich Dr. Brigitte Hamann schrieb, „wird der Antisemitismus in Wien überwunden sein, wenn die Wiener Katholiken in ihrer Liebe und Kenntnis der Heiligen Schrift ihre jüdischen Mitbürger übertreffen“. Bis dahin ist die Rechtsordnung in Österreich so zu stärken, daß populistische Exzesse gegen mißliebige Bürger hintangehalten werden.

Der tiefste Grund des Antisemitismus ist der Gegensatz des Judentums und seiner Botschaft zu autokratischen Systemen, der schon den Auszug aus Ägypten bewirkte. Gott hat das jüdische Volk zum Vorkämpfer der Freiheit berufen, und zu dieser steht der römische Katholizismus in einem noch unfertigen Verhältnis, steht er doch in der Rechtsnachfolge der Cäsaren, die

die Freiheit der Republik verdrängten. Die Freiheit des Gottesvolkes ist jedoch meine böhmische Botschaft. Doch davon später.

Meine Kinder schämen sich ihres Großvaters, weil er ein „Nazi“ war. So sage ich ihnen und anderen Kindern und Enkeln von Nationalsozialisten - Ihr könntet keinen ehrenwerteren Großvater haben, mit der Geduld des Heilands hat er seine Rolle als Sündenbock getragen und er starb in der Verklärung des Tabor, wie ich als sein letzter Gesprächspartner bezeugen kann.

6. Das ruhige Leben

Im April 1964 bestand ich die Rechtsanwaltsprüfung. Auf der Postensuche traf ich meine Gönnerin, Dr. Anda Schneider, zufällig an der Stelle, an der sie mich schon nach meinem englischen Unglück gerettet hatte, nämlich vor der Sparkasse am Graben. In der Schule hatte man uns immer wiederholt, die Juden hätten die Religion der Gesetze und die Katholiken die Religion der Liebe. Die Erfahrung lehrte mich das Gegenteil. Bis 1967 lernte ich das Rüstzeug des Wirtschaftsjuristen bei Dr. Franz Schneider. Daneben entstand eine Gedichtesammlung „Die Nürnberger Galgenvogellieder“ und durch das Studium der Zeitgeschichte bereitete ich die „Ismene“ vor. So suchte ich einen ruhigen Job, um sie niederzuschreiben und trat 1967 in die Österreichische Kontrollbank ein. In den folgenden Monaten schrieb ich die „Ismene“, größtenteils in der Nacht, denn in der Bank merkte man bald, daß ich gut arbeitete, und so war mein Schreibtisch immer voll. Die Mißachtung meines Werks seitens der Literaten veranlaßte mich zur Aufgabe der Schriftstellerei. Meine Situation war durch das Einbekenntnis der Ärzte, es liege keine Schizophrenie vor, sondern ein Leiden des manisch-depressiven Formenkreises, zum Guten verändert. Dieses Leiden läßt sich beherrschen und mit einem normalen Leben, vor allem Familienleben verbinden. 1970 heiratete ich das schönste Mädchen Wiens und eröffnete meine Anwaltspraxis. 1976 erwarb ich ein Familienhaus in bester Lage. Zwei Kinder kamen.

7. Der Weg nach Stalingrad

So hätte ich in Frieden alt werden können, hätte mir nicht ein protestantischer Freund 1985 Yallop's Buch „Im Namen Gottes" gesandt. Die katholische Kirche war für mich immer der feste Punkt gewesen, von dem man alles Unrecht korrigieren konnte, und sie wurde jetzt selbst kriminalisiert. Als ich das Buch gelesen hatte, aß ich zufällig mit meiner elfjährigen Tochter zu Abend. Sie sah mich mit grenzenloser Ergebenheit vertrauensvoll an. Da hat mich wieder „eine große Macht angerührt von oben bis ans Herz", ich ging nach Tisch in mein Arbeitszimmer und schrieb bis nach Mitternacht meinen Aufsatz „Vom Befehlen und Gehorchen - Gedanken zur Herrschaft von Menschen über Menschen" nieder, eine Studie der politischen Legitimität.
Die Umstände rund um die Waldheim-Wahl erschütterten mich und im Oktober 1986 schrieb ich in Heidelberg meine Aufsatz „Sonnenaufgang über Österreich", eine legitimistische Kampfschrift eines habsburgtreuen Österreichers, die die Wurzeln der Republik Österreich im Imperium Romanum aufzeigte. Anlaß war die Lektüre von Samuel Pufendorf's „Die Verfassung des Deutschen Reiches", der die These aufstellt, daß Österreich der Kern des Heiligen Römischen Reiches sei und durch seine Verbindung mit Habsburg so gefestigt, „Daß das Reich nicht ohne Österreich, Österreich aber ohne das Reich bestehen könne."

Schon Jahre hatte ich mich mit den Fragen der christlichen Ökumene beschäftigt. Als zum ersten Mal Literaten und Gelehrte mein literarisches Oeuvre würdigten, versuchte ich noch einen Wurf, um auch das slawisch-deutsche Verhältnis zu erhellen. Nach intensivem Quellenstudium in der Österreichischen Nationalbibliothek schrieb ich „Libussa's Hochzeit - ein heiteres Historienspiel aus Böhmen". 1986 hatte ich meinen ersten öffentlichen Auftritt im Oktogon der Creditanstalt mit dem Vortrag „Devisenrecht in Theorie und Praxis".
Ich versuchte, die ethischen und religiösen Bezüge des Geldwesens aufzuzeigen und wurde auch verstanden. Praktisch forderte ich die Liberalisierung des Devisenrechtes - diese wurde in den folgenden vier Jahren auch schrittweise völlig durchgeführt.

Die Verlegersuche in Österreich war, zu diesem Zeitpunkt, erfolglos. Aus Frankfurt erhielt ich von Haag + Herchen ein Angebot, und so erschien mein Sammelband am 14. März 1989. Ich hatte eine Anwaltsprüfung im Justizpalast abgenommen und ging zurück in die Kanzlei. Vor der Präsidentschaftskanzlei in der Hofburg sah ich Karl Habsburg-Lothringen, der während meines Spitalsaufenthaltes in England geboren worden war, für mich mein gnädiger Landesherr, dem ich mein Buch gewidmet hatte. Ich teilte ihm das Erscheinen des Buches mit und sah seine schwarze Krawatte. Sein Begleiter, Amtsrat Engel des Bundeskanzleramtes, informierte mich, daß seine Großmutter, Österreichs letzte Kaiserin, in der Nacht verstorben sei.
Die Presse schwieg mein Buch tot, ich erhielt zwar briefliche Anerkennung von Bischof Dr. Krenn, doch auch die kirchliche Presse druckte keines meiner zum Teil frommen Gedichte. So war ich schon froh, daß ich im Französischen Kulturinstitut am 6. Februar 1990 eine Lesung halten durfte, die ich schriftlich ausarbeitete und in mehreren hundert Exemplaren verteilte.
Daß ich für das Regime falsch lag, merkte ich daran, daß alle meine sozialistischen Freunde fehlten, ebenso alle Vertreter der Presse und alle Angehörigen der Österreichischen Kontrollbank, deren Syndikus ich seit 20 Jahren war. Das tat weh. Die Freiheit der Kunst ist in Österreich auf jene künstlerischen Äußerungen beschränkt, die das Regime wünscht.
Der Abend verlief glanzvoll, es waren Gerichtspräsidenten, Minister und Professoren sowie sehr elegante Damen der ersten Gesellschaft vertreten. Es mußte der angrenzende Raum geöffnet werden, um alle unterzubringen. Ich schloß meinen Vortrag, der Ismene's Trauergesang und die Trostworte der göttlichen Jungfrau enthielt, mit dem Satz:

„Zum Schluß möchte ich noch die Summe ziehen, daß der Friede der Menschen zunächst der Friede der Toten sein muß. Und so möchte ich anregen, mit einem Requiem in Stalingrad, das weltweit übertragen wird, Geld zu sammeln für einen Tempel für die Opfer des Holocaust in Jerusalem und je eine Grabeskirche in Stalingrad und Princeton. Erst wenn die Toten ihren Frieden haben, wird die Welt ihn finden - ansonst wird sie untergehen."

Nach einem Vortrag meines alten Lehrers, Monsignore Dr. Beck, der ein verwahrlostes Gelände als Grab der 6. Armee in Stalingrad zeigte, nahm ich mit dem ORF und dem Schwarzen Kreuz Verbindung auf, um das Grab durch den Ortsbischof einsegnen zu lassen und eine Kirche zu errichten. War es doch schon meine im Krankenhaus in London geäußerte, mystische Überzeugung, daß die furchtbaren Blutopfer des Zweiten Weltkrieges die Rückkehr des Reiches vorbereitet hätten. Das Reich hat uns Jesus im Vaterunser versprochen. Aurelius Augustinus hat es im „Gottesstaat" als die Gemeinschaft der nach dem Wort Gottes Lebenden beschrieben. Die Reichsidee ist die politische Dimension der christlichen Religion, ihr sind die Scharen in den Heeren Hitlers gefolgt - es war ein pervertierter Kreuzzug gewesen, wie der Judenmord Ausdruck eines durch eine fehlerhafte Theologie pervertierten Gewissens.

Am Grab der 6. Armee wollte ich den Zwist zwischen Rom und Byzanz beenden, der dem Bösen solche Macht gegeben hat - denn nach Augustinus drängen die Dämonen vor, wo das Wort Gottes zurückweicht. Das Schwarze Kreuz beauftragte mich im Sommer 1990, mein Projekt der Russischen Botschaft und dem österreichischen Außenministerium zu unterbreiten. Der Deutsche Orden sprach mich Ende 1990 an und ich wurde 1991 sein Familiare (Laienbruder).

Das österreichische Außenministerium reagierte mit einem Telefonanruf negativ, doch über Vermittlung von Professor Dr. Rauchensteiner, vom Heeresgeschichtlichen Museum in Wien, meldete sich der russische Generalstab und schließlich erhielt ich die Einladung des Moskauer Patriarchats, mit einer Schar von Betern das Grab in Wolgograd zu besuchen.

Die Aussendung, die ich daraufhin an die staatlichen und kirchlichen Behörden richtete, hatte verblüffende Wirkungen: Die österreichischen Behören versagten mir ihre Hilfe. Die Familiaren des Deutschen Ordens zögerten. Das Schwarze Kreuz teilte mir brieflich mit, daß es mich nicht nach Wolgograd begleiten könne. Lediglich Bgm. Rieser erklärte sich bereit, auf meine Kosten als ortskundiger Führer teilzunehmen. Der Hochmeister des Deutschen Ordens, Abt Dr. Arnold Wieland hatte den

Mut, mir seine Treue zu wahren. Auch die evangelische Kirche unterstützte mich nachdrücklich, Militärvikar Superintendent Dr. Hanak und Superintendent Dr. Wolfgang Schmidt sowie Pfarrer Stritar bildeten die evangelische Streitmacht. So bereitete ich die Reise für den 18. bis 21. September 1992, ausschließlich auf meine Mittel angewiesen, vor.

Obwohl die Reise kirchenoffiziell unter Mitwirkung der österreichischen Botschaft in Moskau vorbereitet worden war und der Militärvikar des Bundesheeres, sowie der Hochmeister des Deutschen Ordens teilnahmen, hatte die Botschaft offenbar Weisung, uns nicht zu empfangen. Nach einem Besuch im Danilovkloster, dem Sitz des leider abwesenden Patriarchen, wo Geschenke und Grußadressen ausgetauscht wurden, flogen wir am Abend des 19. September nach Wolgograd.
Ich hatte für die Feldmesse in der Benediktinerabtei Seckau einen großen Kelch nach dem Muster des einzig erhaltenen böhmischen Hussitenkelches, mit Patente und Schöpfkelle, in Silber herstellen lassen. Dazu hatte ich zwölf Flaschen kostbaren Margaux 1983 und Kommißbrot des Bundesheeres mit, alles zusammen 35 kg. Glücklich hatte ich schließlich alles beisammen in Wolgograd und am 20. September begaben wir uns auf die Suche nach dem Erzbischof von Wolgograd, German, den wir in einem neuen Kloster im Seitentrakt einer Kaserne trafen, wo er die Messe las. Ich schickte ihm meine Visitenkarte, denn natürlich war unsere Ankunft brieflich angekündigt worden, und ich erhielt für unsere Gruppe eine Einladung zum Mittagessen. Die Begegnung war von großer Herzlichkeit und Liebe geprägt.
Danach fuhren wir auf das Feld Bolsaje Rossosko (Bol'šaja Rossoška), wo nach den Kriegstagebüchern die Hoch- und Deutschmeister im Jänner 1943 verbluteten.

Der Vertreter der deutschen Kriegsgräberfürsorge, die dort einen Friedhof anlegt, erzählte uns aber, daß dort alle Wehrmachtsteile durcheinander liegen, in der Spätphase der Schlacht waren dort die versprengten Reste zusammengekommen.

Die Geistlichkeit betete, predigte und sang, bis alle fast erfroren waren im

Steppenwind. Ich kürzte meine Grabrede, die ich schriftlich verteilte. Dann schöpfte ich meinen kostbaren Margaux aus dem Kelch, viertelweise, und verteilte das Brot, das Orthodoxe, Evangelische und Katholiken brachen. Was ich nicht sagte, war, daß ich im Geist die Wandlungsworte sprach, wie am Speisezimmertisch meiner zerstrittenen Eltern. Möge sich die Wirkung wiederholen.

In der Stunde dieses Totenopfers an diesem 20. September 1992 erlosch der 800jährige Glanz des Paniers des Hauses Österreich, dem ich nach der Sitte meiner Ahnen, die kaiserliche Reiter waren, bis Wolgograd gefolgt war.

Obwohl der Deutsche Orden nach unserer Rückkehr eine Pressekonferenz abhielt, übergingen die Massenmedien unsere Tat nahezu mit Schweigen, priesen vielmehr mit großer Lautstärke das humanitäre Engagement eines vom Bürgermeister von Wien ins Leben gerufenen Personenkomitees „50 Jahre Stalingrad", das Hochmeister Dr. Wieland und mich unter Verletzung aller Regeln der Höflichkeit trotz meiner wiederholten Meldung mit Verachtung strafte, und das nun an meiner Stelle vom Schwarzen Kreuz unterstützt wurde.
Am 1. November 1992 wurde im Museum der Stadt Wien die Stalingrad-Ausstellung eröffnet, die geflissentlich und wider besseres Wissen die ökumenische Totenfeier vom 20. September 1992 verschwieg, obwohl ich Bildmaterial angeboten hatte.
Am Morgen des Eröffnungstages traf ich auf der Straße Bürgermeister Dr. Zilk, der nicht umhin konnte, mich einzuladen und mich auf Verlangen auch aufforderte, dem Personenkomitee „50 Jahre Stalingrad" beizutreten. Ich schrieb ihm daher in diesem Sinne und er sagte mir brieflich entsprechende Veranlassung zu. Als ich drei Wochen später aus ganz anderem Anlaß die Dame anrief, die - ohne daß ich es wußte - die Liste der Komiteemitglieder für den Druck abschloß, sagte sie mir, sie wundere sich, daß sie von mir keine Meldung habe. Ich erzählte ihr von meinem Briefwechsel mit Dr. Zilk, worauf sie mich auf die Liste setzte. Erst in diesem letzten Moment brachte ich Hochmeister Dr. Wieland in dieses Komitee und kann ohne Übertreibung behaupten, wir seien nur durch unmittelbares Einwirken des Heiligen Geistes hineingekommen.

Diese Mitgliedschaft war mir aber wichtig, weil ich mich der russischen Kirche gegenüber für die Errichtung einer Kirche in Stalingrad stark gemacht hatte, während das offizielle Österreich paradoxerweise eine Art Kriegerdenkmal anstrebte. Ich führte daher eine leidenschaftliche Korrespondenz, um mein Projekt eines ökumenischen Sakralbaues durchzusetzen. Mein entscheidender Brief vom 21. März 1993 traf am 23. März beim Schwarzen Kreuz ein. An diesem Tag erschien ein Artikel von Dr. Plechl in der „Presse", der sich für mein Projekt einsetzte, sodaß alle meinten, dies sei bestellt. Es war aber purer Zufall. Doch hoffe ich auf einen guten Ausgang.

Doch vielleicht ist die Ehre für das offizielle Österreich zu groß und bleibt mir persönlich vorbehalten, wie die Pilgerreise nach Moskau und Wolgograd.

8. Schluß

Selbst wenn in Wolgograd KZ-Todeskommandos unbestattet auf der Wiese lägen, müßte man sie begraben, denn Tote darf nur Gott richten. Dieser Satz ist älter als jede uns bekannte Religion. Die Toten von Wolgograd waren jedoch nicht kriminell, sondern folgten ihrer geistlichen und weltlichen Regierung. Das Widerstandsrecht ist calvinisches Gedankengut, Katholiken und Protestanten war es traditionell fremd. Erst nach dem Sieg der Vereinigten Staaten von Amerika im Zweiten Weltkrieg verbreitete sich der Gedanke, daß es Pflicht sei, sich dem ungerechten Staat zu widersetzen. Er ist nicht unbedingt richtig.
Doch um dem Mord und Raub, der Unzucht und allen Übeln der Erbsünde einen Riegel vorzuschieben ist die Macht der Zehn Gebote zu stärken. In meiner Grabrede in Stalingrad habe ich die Weltrepublik der Vereinigten Staaten Jesu ausgerufen, mit Trennung von Kirche und Staat und klagbarem Menschenrechtskatalog. In der jüdischen Gemeinde, aber auch in St. Peter in Salzburg habe ich für eine jüdisch-christlich-islamische Theologenkommission geworben, um eine hebräisch-deutsch-arabische Einheitsfassung der Zehn Gebote zu erarbeiten, mit den im Koran enthaltenen Besonderheiten im arabischen Text. Ich versprach, sie in Untersberger

Marmor meißeln zu lassen und nach Jerusalem zu senden, für den Dritten Tempel, dem ich meinen Stalingrad-Kelch schenken will. Dort werde ich mit dem jüdischen Volk das dritte Liebesmahl meines Lebens feiern, wenn es Gott gefällt.

Doch ist alles vergebens, wenn es nicht gelingt, den heillos zerrütteten Frieden zwischen den Geschlechtern zu sichern. Am Anfang meines Aufsatzes erzählte ich von dem Erlebnis mit meinem Kaplan und seiner Pastoralassistentin. Auf Grund meiner Erfahrung mit der Stalingradreise weiß ich jedoch heute, daß der Kampf um das Reich Gottes mit einer gnadenloseren Härte geführt wird, als die Schlacht von Stalingrad. Da ist kein Platz für die Ehe der Angehörigen der Elitetruppe. Und das Fernbleiben der Laienbrüder des Deutschen Ordens hat mich gelehrt, daß geistliche Dinge - auch in der demokratisch legitimierten Kirchenrepublik der Vereinigten Staaten Jesu - erfahrenen und erprobten Klerikern ausschließlich vorbehalten werden müssen. Diese sollten dafür von allen administrativen und ökonomischen Sorgen entlastet werden. Erst wenn das jüdische Volk den Rabbi Jesus von Nazareth als Messias anerkennt, wird der Morgen des Friedens im Gottesreich leuchten. Doch eines tut vorher Not: Das katholische Priestertum der Frau, mit der Pflicht der Ehelosigkeit bis zu dem genannten Zeitpunkt. Nur durch die priesterliche Gnade heiliger Frauen kann die Zerstörung der Ehen aufgehalten werden. Das katholische Priestertum der Frau ist der Siegespreis von Stalingrad!

Hochmeister Abt Dr. Arnold Wieland OT und Erzpriester Augustin beim Brotbrechen

Russen beten für unsere Toten

Gebeine eines gefallenen Soldaten

Ein Schlachtfeld voller Gebeine gefallener Soldaten

Die Vernichtung der 6. Armee vom 9. bis 29. Januar 1943

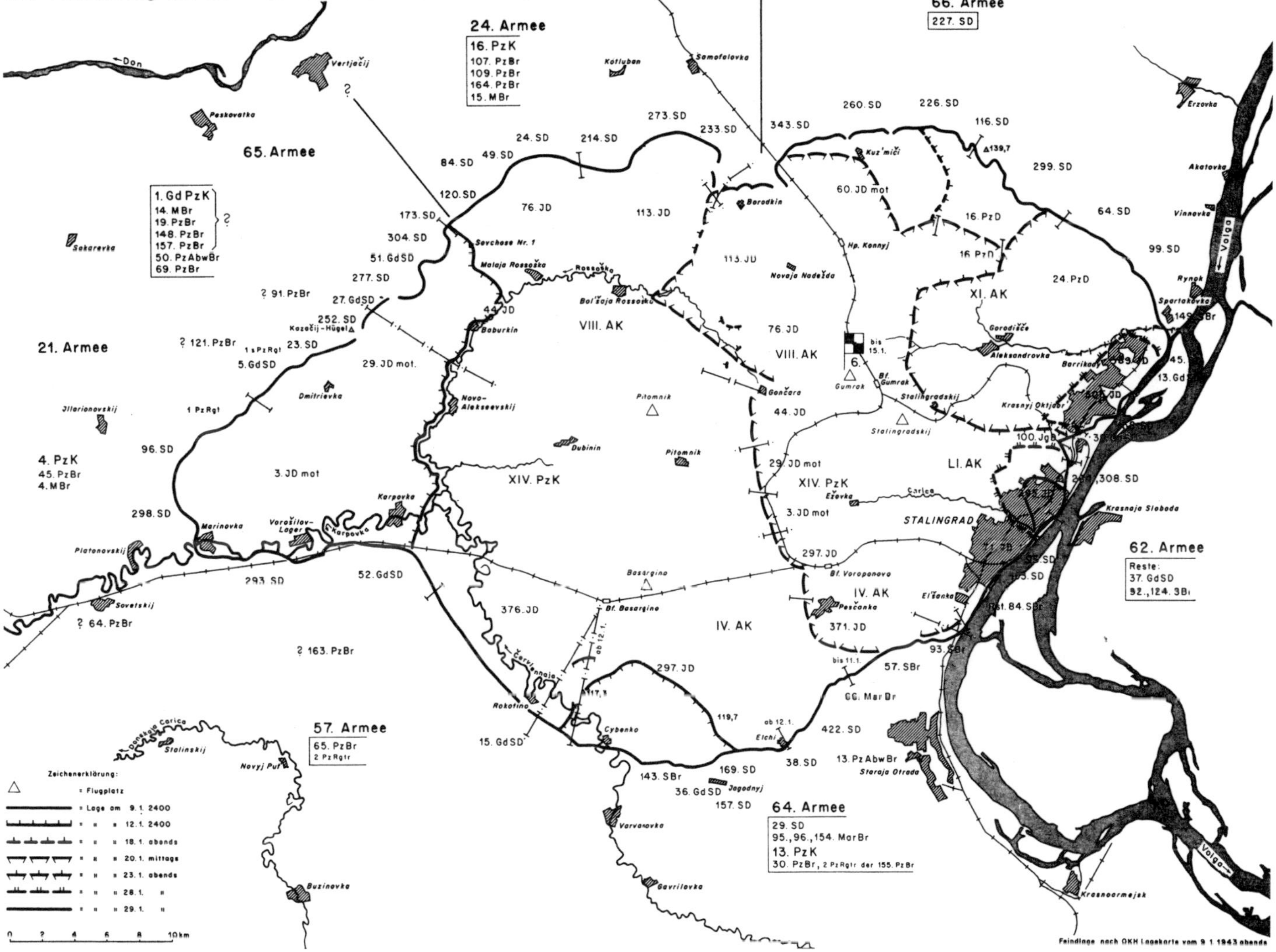

Einladung des Moskauer Patriarchat
vom 3. Juli 1992 mit Übersetzung

МОСКОВСКИЙ ПАТРИАРХАТ
СВЯЩЕННЫЙ СИНОД
РУССКОЙ ПРАВОСЛАВНОЙ ЦЕРКВИ

ОТДЕЛ ВНЕШНИХ
ЦЕРКОВНЫХ СНОШЕНИЙ

113191 Москва, Даниловский вал, 22
Данилов монастырь, ОВЦС
Телефон: (095) 235-04-54
Телефакс: (095) 230-26-19

MOSCOW PATRIARCHATE
RUSSIAN ORTHODOX CHURCH
HOLY SYNOD

DEPARTMENT FOR EXTERNAL
CHURCH RELATIONS

Danilov Monastery
22, Danilovsky Val, Moscow 113191
Phone: (095) 235-04-54
Fax: (095) 230-26-19

№ 3077 — 3 июля 1992

Д-ру Отто ОРТНЕРУ

Глубокоуважаемый д-р Ортнер!

Благодарю Вас за письмо и информацию о состоянии Вашего проекта строительства храма на месте погребения немецких солдат, погибших в Сталинградской битве, и о намерении приехать с группой церковных деятелей из Австрии и Германии в сентябре с.г. в Волгоград для совершения заупокойной молитвы.

Копия Вашего письма направлена Его Высокопреосвященству архиепископу Волгоградскому и Камышинскому Герману с просьбой оказать внимание Вашей группе и принять участие в акции, которая призвана ознаменовать примирение немецкого и русского народов.

С любовью во Христе

ЗАМЕСТИТЕЛЬ ПРЕДСЕДАТЕЛЯ
ОТДЕЛА ВНЕШНИХ ЦЕРКОВНЫХ СНОШЕНИЙ
МОСКОВСКОГО ПАТРИАРХАТА
ПРОТОИЕРЕЙ

Виктор ПЕТЛЮЧЕНКО.

Erzbischöfliches Ordinariat
der Russisch-Orthodoxen Kirche
in
Österreich

A-1030 Wien, Jaurèsgasse 2

Tel.: 713 82 50

Wien, am 8.7.1992

KURZBRIEF:

Herrn
Dr. Otto Ortner
Strauchgasse 1-3
1010 WIEN

FAX: 533 15 55

Sehr geehrter Herr Dr.Ortner !

Sie erhalten anbei
die gewünschte Übersetzung des mir übermittelten Briefes aus Moskau.
Mit besten Grüßen !

mit der Bitte um

...... Kenntnisnahme (Ioann Rumpel, Diöz.Sekr.)

...... Stellungnahme

...... Rückgabe

...... Weiterleitung an

abgelegt 21/6

Übersetzung aus dem Russischen:

MOSKAUER PATRIARCHAT
HEILIGER SYNOD
DER RUSSISCH-ORTHODOXEN KIRCHE

KIRCHLICHES AUSSENAMT

SU-113191 MOSKAU
Danilovskij val, 22
Danilov monastyr, OVCS
Telefon: (095) 235 04 54
Telefax: (095) 230 26 19

Nr. 3077 3. Juli 1992

An Herrn
Dr. Otto ORTNER

Sehr geehrter Herr Dr. Ortner !

Ich danke Ihnen für den Brief und die Information über den Stand Ihres Projektes der Errichtung einer Kirche am Ort des Begräbnisses der deutschen Soldaten, die in der Stalingrader Schlacht umgekommen sind, und über Ihre Absicht, mit einer Gruppe kirchlicher Persönlichkeiten aus Österreich und Deutschland im September dieses Jahres nach Wolgograd zu kommen, um ein Totengebet zu verrichten.

Eine Kopie Ihres Briefes wurde an Seine Exzellenz den Erzbischof von Wolgograd und Kamýschin, GERMAN, gesandt mit der Bitte, Ihrer Gruppe seine Aufmerksamkeit zu erweisen und an der Aktion teilzunehmen, die dazu berufen ist, die Versöhnung des deutschen und des russischen Volkes festlich zu begehen.

In der Liebe Christi

DER STELLVERTRETER DES VORSITZENDEN
DES KIRCHLICHEN AUSSENAMTES
DES MOSKAUER PATRIARCHATS,

ERZPRIESTER Viktor Petljutschenko

Aussendung per fax an kirchliche und staatliche Stellen in Österreich und der Bundesrepublik des Verfassers

A K T E N N O T I Z

Einsegnung des Massengrabes der 6. Armee in Stalingrad

Wie dem Schwarzen Kreuz bekannt ist, besteht noch immer ein Notstand hinsichtlich der Massengräber, in denen die Toten der Deutschen Wehrmacht von Stalingrad (154.700 Leichname) verscharrt sind. Die Gräber sind nicht eingesegnet, die Abdeckung ist so mangelhaft, daß die Knochen heraussehen, es stehen weder ein Kreuz noch eine Kirche. Ich habe daher schon vor zwei Jahren angeregt, den Ortsbischof um die Einsegnung und die Lesung eines Requiems zu bitten und die Gräber zu sanieren sowie eine Kirche zu errichten. Nunmehr erhalte ich die definitive Zusage des Moskauer Patriarchats zu diesen Schritten, das jedoch in organisatorischen Fragen den westlichen Besuchern das Feld überläßt.

Ich schließe das Original der Zusage des Moskauer Patriarchats mit einer Übersetzung bei. Meines Erachtens müßte das Bundesheer mit dem Militärvikariat noch während der schönen Jahreszeit (Ende September/Anfang Oktober) die Reise veranstalten.

Ich selbst habe beim Stift Seckau einen Kelch in der Form eines der beiden erhaltenen Hussiten-Kelche mit zehn Liter Fassungsvermögen in Auftrag gegeben, damit das Abendmahl in beiderlei Gestalt gereicht werden kann.

Ich erhoffe mir von dem Totenopfer eine Vertiefung des eucharistischen Verständnisses und damit eine Annäherung der christlichen Gemeinden, die sich an diesem Grab finden sollen. Es sind dies die russisch-orthodoxe, die römisch-katholische und die evangelische Gemeinde.

Möge die Fürsprache aller unter dem Kreuz Gefallenen unser Werk fördern!

cc/S.E. Hochmeister Abt Dr. Wieland
Deutscher Orden

Prof. Dr. Manfried Rauchensteiner
Bundesministerium für Landesverteidigung

Österr. Schwarzes Kreuz
z.H. Frau Musil

Gesandter Dr. Hans Kyrle
Bundesministerium für Auswärtige Angelegenheiten

Botschafter Dr. Philipp Jenninger
Botschaft der Bundesrepublik Deutschland

Volksbund Deutsche Kriegsgräberfürsorge e. V.

Balleivorstand des Deutschen Ordens
z. H. Min. Rat Mag. Erich Staringer

Russisch-Orthcdoxe Kirchengemeinde Wien

Beilage:

Brief des Moskauer Patriarchats
vom 3. Juli 1992 samt der freundlicher-
weise vom Lektor der russischen Kirche
Wien hergestellten Übersetzung

Otto v. Habsburg Fam. O. T.

Wien, 9. Juli 1992

Inschrift auf dem vom Verfasser
in der Goldschmiede der Abtei
Seckau bestellten Stalingrad Kelches

TEL: 08 Jul 92 11:16 No.002 P.01

Das „MAGNIFICAT" in der russischen Übersetzung:
(Lukas-Evangelium, Kap.I, Verse 46 - 55)

Grafik:
VERSALIEN

....

1) ВЕЛИЧИТ ДУША МОЯ ГОСПОДА, И ВОЗРАДОВАЛСЯ ДУХ МОЙ О БОГЕ, СПАСИТЕЛЕ МОЕМ, ЧТО ПРИЗРЕЛ ОН НА СМИРЕНИЕ РАБЫ СВОЕЙ, ИБО ОТНЫНЕ БУДУТ УБЛАЖАТЬ МЕНЯ ВСЕ РОДЫ;

....

2) ЧТО СОТВОРИЛ МНЕ ВЕЛИЧИЕ СИЛЬНЫЙ, И СВЯТО ИМЯ ЕГО; И МИЛОСТЬ ЕГО В РОДЫ РОДОВ К БОЯЩИМСЯ ЕГО;

....

3) ЯВИЛ СИЛУ МЫШЦЫ СВОЕЙ; РАССЕЯЛ НАДМЕННЫХ ПОМЫШЛЕНИЯМИ СЕРДЦА ИХ;

....

4) НИЗЛОЖИЛ СИЛЬНЫХ С ПРЕСТОЛОВ, И ВОЗНЕС СМИРЕННЫХ;

....

5) АЛЧУЩИХ ИСПОЛНИЛ БЛАГ, И БОГАТЯЩИХСЯ ОТПУСТИЛ НИ С ЧЕМ;

....

6) ВОСПРИНЯЛ ИЗРАИЛЯ, ОТРОКА СВОЕГО, ВОСПОМЯНУВ МИЛОСТЬ, КАК ГОВОРИЛ ОТЦАМ НАШИМ, К АВРААМУ И СЕМЕНИ ЕГО ДО ВЕКА.

....

Zum Verständnis der obigen Gliederung
die Übersetzung der einzelnen Abscnitte:

1) Meine Seele preist die Größe des Herrn, und mein Geist jubelt über Gott, meinen Retter; denn auf die Niedrigkeit seiner Magd hat er geschaut; siehe, von nun an preisen mich selig alle Geschlechter.

2) Denn der Mächtige hat Großes an mir getan, und sein Name ist heilig; er erbarmt sich von Geschlecht zu Geschlecht über alle, die ihn fürchten.

3) Er vollbringt mit seinem Arm machtvolle Taten; er zerstreut, die im Herzen voll Hochmut sind.

4) Er stürzt die Mächtigen vom Thron und erhöht die Niedrigen.

5) Die Hungernden beschenkt er mit seinen Gaben und läßt die Reichen leer ausgehen.

6) Er nimmt sich seines Knechtes Israel an und denkt an sein Erbarmen, das er unsern Vätern verheißen hat, Abraham und seinen Nachkommen auf ewig.

(Wortlaut der Übersetzung: Einheitsübersetzung der Heiligen Schrift, Das Neue Testament. Stuttgart, 1979. Katholische Bibelanstalt GmbH, Stuttgart.)

<u>ANMERKUNG:</u> *Im Falle der Kürzung des Textes muß im russischen Text selbstverständlich statt „;" ein Punkt graviert werden.*

Päpstlicher Segen

APOSTOLISCHE NUNTIATUR
IN ÖSTERREICH
N. 3633/92

THERESIANUMGASSE 31
A-1040 WIEN

15. September 1992

Hochwürdiger Herr Hochmeister !

Mit Schreiben vom 9. d.M. haben Sie mich über die geplante Pilgerreise einer Gruppe von katholischen Priestern und Laien sowie evangelischen Christen nach Wolgograd unterrichtet und um den besonderen Segen des Heiligen Vaters gebeten.

In der Vollmacht, die mir gegeben wurde, sende ich den Pilgern, die sich zu diesem Todesgedächtnis 50 Jahre nach den schrecklichen Ereignissen von Stalingrad begeben, als Unterpfand reicher himmlischer Gnaden den erbeteren Apostolischen Segen.

Papst Johannes Paul II. der so wirksam beigetragen hat, die Ereignisse von 1989 ohne Gewalt reifen zu lassen, schätzt sehr Ihre Geste der Versöhnung, der Solidarität und der Brüderlichkeit gegenüber Menschen, die ihr Leben auf tragische Weise verloren haben!

Mit dem Ausdruck vorzüglicher Wertschätzung verbleibe ich

Ihr im Herrn verbundener

+ D. Squicciarini

+ DDr. Donato Squicciarini
Tit. Erzbischof von Tiburnia
Apostolischer Nuntius in Österreich

Hochwürdigen Herrn
Dr. Arnold Othmar W I E L A N D
Hochmeister des Deutschen Ordens
Singerstraße 7
1010 W I E N

Liste der Reiseteilnehmer

REFNR: 3-357 / GRP ORTNER
MOSKAU-WOLGOGRAD-MOSKAU
18.09. - 21.09.1992

PROGRAMM:

18.09. an MOW OS 601 um 16:10 Uhr
TRF Htl INTOURIST
19.09. MOW
Danilow-Kloster, TRF DOMODEDOWO
SU 1303 Flug Wolgograd 22:25/00:05
20.09. WOLGOGRAD
TRF Htl INTOURIST
TRF Hotel-Friedhof-Hotel
21.09. WOLGOGRAD
TRF Htl-Flughafen
SU 1300 Flug Moskau 06:55/08:40
TRF DOMODEDOWO-SVO/2 - Mittagessen
21.09. ab MOW OS 602 um 16:55 Uhr

LEISTUNGEN:
- ALLE Transfers
- Hotel mit VP
- Danilow-Kloster
- deutschspr.Intourist-Betreuung

BENÖTIGTE ZIMMER:
11 EZ = 11 pax
4 DZ = 8 pax

92-09-09 12:41/kr

NAMENSLISTE:

Grp Stärke total: 19 Pax

1. DE GASPERI Ernst
2. DEGASPERI Theresia
3. DEGLE Heinrich
4. ERCKERT Karl
5. HACKET Andrew
6. HACKET Huberta
7. HANAK Julius
8. INNERHOFFER Kreszenzia
9. KUBENA Elisabeth
10. ORTNER Clemens
11. ORTNER Gloria
12. ORTNER Marie-Christine
13. ORTNER Otto
14. RIESER Peter-Heinrich
15. SAMMER Alfred
16. SCHMIDT Wolfgang
17. STRITAR Wilhelm
18. STURM Andreas
19. WIELAND Othmar

Visa-Antrag fehlt noch 9.9. Mo

Anlage ./7

DR. OTTO ORTNER
1190 WIEN, IGLASEEGASSE 44
TEL. 32 33 71

An die
Botschschaft des Staates Israel
z.H. Herrn ao und bev Botschafter
Peter Aran

Anton Frank-Gasse 20
1180 Wien

Wien, 5. Oktober 1992
DrO/IZ

Versöhnung

Sehr verehrter Herr Botschafter!

Vielleicht haben Sie aus den Zeitungen von meinem Unternehmen gehört, die armen Gebeine unserer Jugend in Stalingrad, die der Schande preisgegeben waren, mit Frömmigkeit zu bestatten. Ich darf das diesbezügliche Pressekommuniqué des Deutschen Ordens, der mein Unternehmen gestützt hat, sowie meine beiden Reden in Moskau und Wolgograd beischließen. In letzterer habe ich angekündigt, den von der Goldschmiedewerkstatt der Benediktiner-Abtei Seckau für diesen Zweck hergestellten Kelch samt Zubehör dem jüdischen Volk zu schenken, damit er schließlich in den Tempelschatz in Jerusalem eingeht.

Ich stelle Ihnen als Vertreter des jüdischen Volkes und des Staates Israel sohin ein formelles Schenkungsanbot, das unbefristet ist. Der Kelch wartet auf seine Annahme in der Benediktiner-Abtei von Seckau, wo er gerade fertiggestellt wird - in Stalingrad war er noch im Rohzustand. Zur Erläuterung meines Anliegens darf mein Buch "Sonnenaufgang über Österreich" mit der Beurteilung des Vertrauenstheologen des Papstes Dr. Kurt Krenn beischließen.

Es würde mich freuen, Ihnen in der Abtei Seckau den Kelch zu zeigen. Er ist ca. 40 cm hoch und einem Hussiten-Kelch im tschechischen Nationalmuseum nachgebildet.

Mit besten Empfehlungen zeichne ich mit

vorzüglicher Wertschätzung

Beilagen

Der Botschafter des Staates Israel
Wien

30. Oktober 1992

Herrn
Dr. Otto Ortner
Iglaseegasse 44
1190 W i e n

Sehr geehrter Herr Dr. Ortner,

Ich danke für Ihre Zeilen vom 5. Oktober d.J. und ersuche meine verspätete Antwort zu entschuldigen, die durch eine längere Krankheit und einen anschliessenden Erholungsurlaub verursacht wurde.

Ich habe Ihren Brief mit Interesse gelesen und auch das mir übermittelte Buch durchgesehen. Zu Ihrer Absicht, einen silbernen Kelch im Gedenken an die in Stalingrad gefallene österreichische Jugend dem jüdischen Volk in Israel zu schenken um diesen Kelch im Tempelschatz in Jerusalem aufzubewahren, erlaube ich mir darauf hinzuweisen, dass Israel - ein Land welches seit seiner Gründung mit Leid und Trauer nur allzu oft konfrontiert wird - als selbständiger Staat zur Zeit Stalingrads noch gar nicht existierte und es auch in der jüdischen Religion keine religiöse Stelle oder Synagoge gibt (wie z.B. der Vatikan) wo Schenkungen aufbewahrt werden. Wie ich aus einem Pressegespräch anlässlich Ihrer Pilgerreise nach Wolgograd entnehme, ist es Ihre Absicht, den Kelch dem österreichschen Hospiz in Jerusalem zu bringen, wo er sicherlich eine würdige Aufbewahrung finden wird zur Erinnerung österreichischer Besucher an Stalingrad.

Ich hoffe, sehr geehrte Herr Dr. Ortner, dass Sie für meine Zeilen Verständnis haben und verbleibe

mit vorzüglicher Hochachtung

Peter Aran

Empfang im Deutschordens-Palais
von links nach rechts: Hochmeister Abt Dr. Arnold Wieland OT; Apostolischer Nuntius in Ö, Erzbischof DDr. Donato Squicciarini; Metropolit der Russisch-Orthodoxen Kirche in Wien, Erzbischof Dr. Irinej Susemihl; Militärbischof von Österreich, Mag. Christian Werner

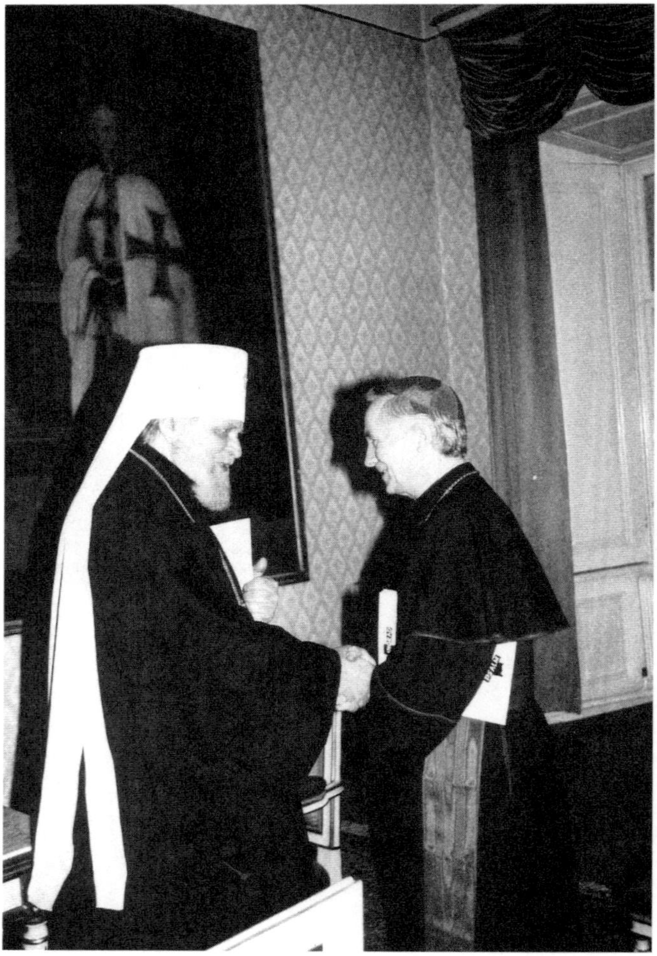

Versöhnung zwischen Rom und Byzanz -
Apostolischer Nuntius in Ö, Erzbischof DDr. Donato Squicciarini und der Metropolit der Russisch-Othodoxen Kirche in Wien, Erzbischof Dr. Irinej Susemihl unter dem Portrait von Hochmeister Erzherzog Wilhelm

EPILOG

(November 1998)

Die in der Einladung des Moskauer Patriarchates vom Juli 1992 erwähnte Gedächtniskirche auf dem Totenfeld von Wolgograd wurde bisher nicht errichtet und der Zwist zwischen Rom, Konstantinopel und Moskau wurde durch das Scheitern des für Juni 1997 geplanten Kirchengipfels von Wien offenkundig.

Das war für den Autor umso enttäuschender, als am 1. Februar 1993 im Stephansdom, dessen Bau höchstwahrscheinlich von der orthodoxen Prinzessin Theodora von Byzanz, der Gemahlin Herzog Heinrich Jasomirgotts, finanziert wurde, ein oekumenisches Requiem in Gegenwart des russisch-orthodoxen Metropoliten, Erzbischof Irinej, und seines Erzpriester Michael zum Gedenken der Kriegsopfer aller Seiten zelebriert wurde. Bei diesem Anlaß predigte erstmals ein orthodoxer Erzbischof im Stephansdom. Bei der anschließenden Agape im Deutschordens-Palais herrschte zwischen Metropolit Irinej und Nuntius Erzbischof Squicciarini herzliches Einvernehmen.

Der Autor hat den oekumenischen Kirchenbau in Wolgograd mit dem bekannten Kirchenarchitekten Dipl.-Ing. Walter Hildebrand und Baumeister Robert Rogner im November 1994 im Moskauer Patriarchat mündlich und schriftlich angeboten. Die Annahme steht noch aus. Vorgeschlagen ist eine russisch-orthodoxe Kirche, in der jedoch auch katholische und evangelische Christen Gottesdienst verrichten dürfen, wie am Bild bereits dargestellt.

Das vom damaligen Bürgermeister von Wien geführte „Personenkomitee 50 Jahre Stalingrad“, das die massive Unterstützung der österreichischen Bundesregierung genoß, die den österreichischen Botschafter in Moskau jahrelang bei den Moskauer Zentralstellen und in Wolgograd intervenieren ließ, erreichte schließlich im Juni 1996 die Errichtung eines „Mahnmals“ in Form des Freimaurersymbols des gleichseitigen Dreiecks, dessen Inauguration ohne Assistenz der katholischen Kirche erfolgte.

Gedanken zu Stalingrad

Nach über fünfzig Jahren der Erinnerung an eine der schrecklichsten und sinnlosesten Schlachten unseres nunmehr ausgehenden Jahrhunderts war es für mich ein ehrenvoller Auftrag des seinerzeitigen Militärbischofs Dr. Alfred Kostelecky einer kleinen Delegation anzugehören, die erstmals offiziell von österreichischer Seite die Schlachtfelder von Stalingrad - inzwischen Wolgograd benannten Stadt - zu besuchen.
Das Hauptanliegen bestand in einem Akt der Versöhnung, nachdem dieses Gebiet unter Stalin zu einer ungepflegten Tabu-Region erklärt wurde.
Unter der geistlichen Führung des Hochmeisters Dr. Arnold Wieland vom Deutschen Orden waren wir, ein paar katholische, evangelische und orthodoxe Vertreter, nachdem wir im freundlichen ökumenischen Geiste vom orthodoxen Bischof von Wolgograd empfangen wurden.
In einer symbolischen Geste tranken wir am offenen Feld aus einem gemeinsamen Kelch den Wein und verzehrten das Konservenbrot der Soldaten, um in einem gemeinsamen Gebet aller Gefallenen zu gedenken, die dort in den Tod getrieben und ihr Leben lassen mußten. Wir standen auf einem Boden, aus dem Gebeine, Helme, Ledergürtel und Feldflaschen als sichtbares Zeichen des Grauens herausragten. Eine ganze steirische Division verlor 1943 hier ihr Leben.
Wir dachten natürlich an alle, das heißt auch an die ehemaligen Kriegsgegner aus der Sowjetunion. Hier erfuhren wir, wohin tyrannischer Machtwille auf welcher Seite auch immer fähig war und verstärkten die Hoffnung, dass die Menschen der Zukunft endlich aus der Vergangenheit lernen könnten.
So verließen wir die ehemaligen Schlachtfelder in einem Zustand des Willens zum Frieden, weil wir an den Sinn einer Verteidigung in einer solchen Art nicht glauben konnten und allen gefallenen Kameraden als mitfühlende Menschen begegnet sind, für die wir nur mehr das ewige Licht der Auferstehung erflehen konnten.
Da dürfen wir uns ohne überheblichen Stolz als die ersten Pioniere fühlen, die den Weg zu einem inzwischen beschlossenen gemeinsamen Denkmal antraten, das auf dieser blutgetränkten Erde ein mahnendes Zeichen zukünftigen Versöhnung darstellen soll.

Dr. Alfred Sammer
Militärordinariatskanzler

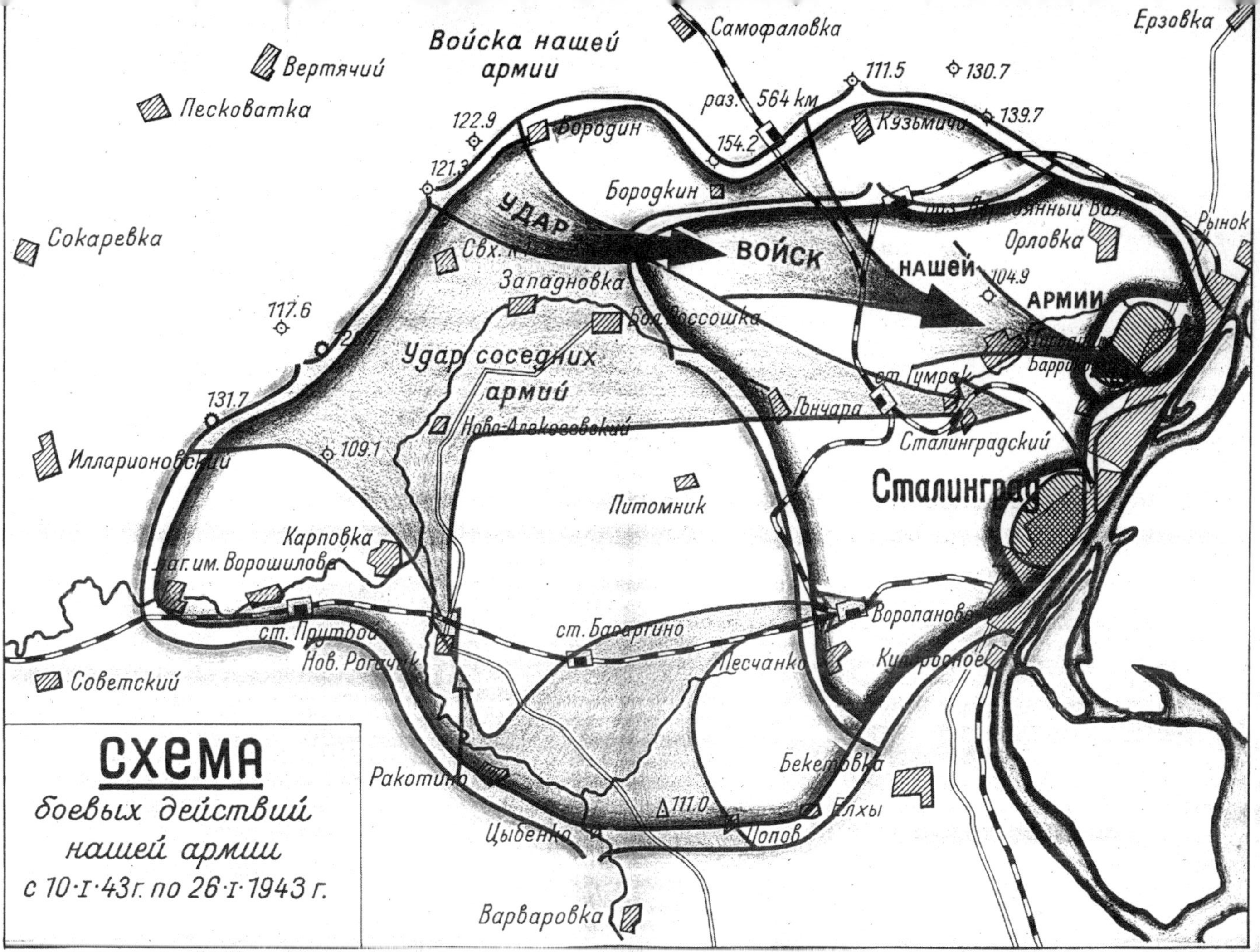

СХЕМА
боевых действий
нашей армии
с 10·I·43г. по 26·I·1943 г.

III.
Österreichs erlebte Geschichte in freien Hexametern

Dellacher Elegien (1938–1945)
Lichtenberger Elegien (1945–1989)

DELLACHER ELEGIEN
(Juli 1994)

13. März 1938

Göttin, gib Mut mir und Einsicht, das Unglück, die Qual zu besingen,
welche ein Volk heimgesucht, das den Göttern doch fromm stets geopfert,
Weisheit und Kunst vor allen Bewohnern der Erde mit Inbrunst gepflegt,
bis ein
Mühlstrom von böser Gewalt alles menschliche Fühlen zerstörte. So
kehre zurück mir, du schreckliches Bildnis des ersten Erwachens im
Hietzinger Haus meiner Eltern, von den Ahnen uns hinterlassen:
Dröhnende Flieger am Himmel, der Hölle entfesselte Windsbraut,
doch mit dem Kreuz auf den Flügeln, schwarz und weiß eingerandet,
Frieden verheißendes Zeichen an den Schreckensboten des Krieges.
Kirchenglocken läuteten ein den Einmarsch der Boten des Todes,
Menschenmassen brüllten berauscht wie im Wahnsinn „Heil Hitler!"
Ängstlich und ratlos schlich ich ins Haus, die Stiege hinauf.
Oben saß im Salon eine Witwe, die ihren Sohn am Isonzo verlor.
Weiß war ihr Haar, sie blickte durchs Fenster und eine Träne
lief ihr die Wange hinunter, als sie mich aufhob zum Fenster,
wo wir den Abend begrüßten, mit dem die Stille zurückkam,
als am nördlichen Himmel in zuckenden Bändern des Lichts
Nordlicht erstrahlte in Wien, wo nie es gesehen ward vor Zeiten.
„Falte die Hände zum Beten, mein Kind!" sprach meine Tante,
„Schreckliches kommt auf uns zu, bedeutet das Nordlicht am Himmel.
Gott allein kann uns retten und die allerseligste Jungfrau!"
So begann mein Bewußtsein am 13. März achtunddreißig und
mit ihm das Leid meines Volkes und vieler, die durch es gelitten.

4. September 1939

Böhmens herrlicher Herbst ist mir in ferner Erinnerung,
als im nahen Spital ich eine Schwester bekam.
Strahlend glänzte des Onkels prächtiges Auto,
das zur Mutter zu führen schon bereitet der Fahrer.
Doch war der Tag für die Tanten ein tiefes Erschrecken:
Schweigend, die Mienen gedrückt, sahen hinab sie zu
mir, der ich fragend den Sinn ihrer Trübsal erforschte.
„England erklärt uns den Krieg, so taten es auch die Franzosen,
Schlimmes steht uns ins Haus, des Landes glücklichen Frieden
werden wir nimmer genießen, wie wir es immer gewohnt.“
Also sprach Tante Fay, des Heerführers würdige Witwe
und ihrer Worte Gewicht nahm ich im folgenden wahr,
als im Toben des Kriegs ich zum Knaben heranwuchs, der die
Leiden des Volks und der Soldaten bezeugt,
wenn auch ein gnädig Geschick hieß die Waffen zu schweigen,
ehe ich selbst zu ihrer Führung gereift. Doch begriffen
hab' ich das Elend und es hat mich begleitet, so muß ich's beschreiben.

Stalingrad Winter 1942/43

Grau lag die Stadt, wie Schemen erschienen die Menschen,
hatten sie doch noch vor kurzem von einem Weltreich geträumt,
ihren Verlust reicher Länder im kürzlich verlorenen Kriege
durch die Gewalt deutscher Waffen rasch zu beenden gehofft.
Nun ging die Kunde durchs Land, hat Wien am tiefsten getroffen:
Rettungslos liegt das Heer von der russischen Zange gefangen.
Eis, unablässiges Feuer und Hunger ringen es nieder.
All die fröhlichen Kinder, der Wienerin köstlichste Güter
gehen zugrunde im Osten, nie wird man wieder sie seh'n!
Gedämpft nur sprechen die Menschen, man sieht manch'
flüchtige Träne,
während das Leben der Stadt geht, gehemmt, seine Wege.
Allgegenwärtig ist die Enttäuschung, man weiß, man erlag einem
Schwindel. Doch unwiederbringlich ist der größte Verlust und
unrettbar scheint das Volk dem Verderben qualvoll bestimmt.
Doch in diesem schrecklichen Ende gebar die Gnade die Rettung:
Österreich ward wieder geliebt, das man so lange verachtet.
Nun stieg's herauf in den Herzen der gequälten, geängstigten Menschen:
Wie Christus auf Golgatha aufstand, stand Wien von Stalingrad auf.

Tabor, Februar 1945

Heilige Stadt im Herzen des böhmischen Landes, mir teuer
seit langem den Frieden gewohnt mit deinen stattlichen Bauten
warst Du mein tägliches Ziel von Pacov, zur Schule gelangend, nun
füllten Dich Menschen fliehend dem Schrecken der Furien des Krieges, der
Bahnhof verstopft mit Zügen wehrloser Menschen, vom Greis bis zum
Säugling, vormals stattlich behaust, nun wehrlos preisgegeben dem Wetter.
Flieger schwirren heran, sie tragen farbige Ringe, und werfen mit Phosphor
töten mit Brand und mit Kugeln die unschuldigen Opfer. Ich
rannte zum Keller, voll heulenden, flennenden Menschen. Dort stand ich
stumm, mir versagte die Einsicht, der Schrecken machte ganz mich erstarren.
Schließlich kam die Entwarnung, am Bahnhof zurück gewahrte ich das
Werk der geflügelten Mörder. Mit Tüchern verdeckt barg man die Toten, vor
Gottes lichtstrahlendem Thron erheben bewegt sie nun Klage
über den Mord, begangen am hellichten Tag unter der Flagge
des Staates, der den Mord zu bannen bestimmt ist, und alles Böse.
Damals fiel die Größe der Macht, die die Völker zu führen bestimmt ist,
da sie doch selbst der Zehn Gebote vergaß, die sie tragen.

8. Mai 1945

Gleich einem Strom nach dem prasselnden Guß des Gewitters
wogt auf den Straßen die Flut der erschöpften Soldaten:
Jahre des Kriegs voll Todesnähe und übermenschlichen Mühens
endeten hier in alles mitreißender Flucht voll Angst und
Schrecknis des drohenden Elends in russischen Lagern, die
Rote Armee auf den Fersen. Doch endlich endet das Töten: Noch
gehorchen die Menschen dem Staate, es schweigen die Waffen.
Tatenlos hungern die Männer, noch ist nicht Hoffnung auf Heimkehr.
Rußland ist wohl das Ziel jener, die überleben.
Andere nimmt die alles verzeihende Erde in ihren Schoß,
da sie den Frieden, zu Tode erschöpft, nur kurz überleben,
hier im Pacover Schloß, das zum Spital transformiert. Nun
kommt die Kunde, mein Onkel sei im Walde erschlagen:
Nur meine Mutter war da mit Josef, dem tschechischen Kutscher,
draußen im Wald den verstümmelten Leichnam im Wagen zu bergen.
Geistlicher Beistand blieb aus, der Priester fürchtet die Rache.
Schande deckt über sein Haupt das Heldentum meiner Mutter,
todesverachtend geleitet den Onkel zum Grab sie,
senkt mit heiligen Sprüchen seine Gebeine herab,
stellt ein eisernes Kreuz dann über den frisch geschaffenen Hügel,
entsühnt so von Schuld sich und der ihrigen Sippe, Priesterin
sie nach Antigones Ordnung auf ewig.

1. Juni 1945

Schon zog der Sommer ins Land, auf den Feldern reifte die Frucht,
doch nicht uns war bestimmt zu ernten, was wir gesät.
Mitten im Sorgen für todesermattete, leidende Männer,
dem meine Mutter sich in Liebe ergab, verkündet
der Bote der Tschechen unsere Vertreibung. Nichts half das
Flehen, am Boden gekniet, der schmerzdurchbohrten, leidenden Mutter.
Binnen zwei Stunden mußten wir weg mit je einem Koffer.
Josef war wieder zur Stelle, er brachte uns auf den Bahnhof,
wo die Nacht wir verbrachten im Freien, und noch manch andere.
Das war das Ende des Krieges - von nun an wirkt' ich für den
Frieden: Mög' er für immer gelingen, dann wären die Opfer gesühnt!

LICHTENBERGER ELEGIEN
(September 1998)

RORATE

Böhmen lag hinter uns nach Tagen voll Mühsal,
Nächten voll Schrecken, Verbrechen und Not.
Kaum trugen, von Schwären entstellt, die Füße die Mutter,
als bei Gmünd wir das Niemandsland querten,
allen Besitzes entblößt, selbst der letzten Pretiosen,
die der tschechische Zöllner grausam der Mutter geraubt,
waren wir endlich der Todesgefahr glücklich entronnen,
der kurz zuvor der Onkel in Patzau erlag.
Wir harrten am Bahnhof, die Seuchen des Lagers vermeidend.
Russen suchten nach Frauen, es gellten Schreie und Schüsse,
bis früh am Morgen endlich ein Zug uns erwartet,
der uns nach Wien in endlosen Stunden befördert,
bis in der Nacht jenseits der Donau er hielt:
Leopoldau heißt der Ort, denn damals waren die Brücken
über die Donau nach Wien bis auf eine vernichtet.
Schreie hallten, als plötzlich der Zug wieder fortfuhr,
Kinder verlassend am Bahndamm, während die Eltern im Zug.
Wir waren glücklich beisammen, Mama, ihre Käthe und wir,
sechs an der Zahl, 13 die Größte und ganze vier Jahre die Jüngste.
Geglückt war der Rückzug aus dem Hexenkessel von Böhmen,
Mut und Umsicht der Mutter, entfernt ihrem Gatten, hatten gesiegt.
Grausam waren die Wunden von Wien, auch hier hatten Bomber gewütet,
Kriegsrecht und Humanität hatten Verbrecher mißachtet.
Doch jetzt war man sicher und die Herzen waren voll Hoffnung,
wenn auch die Not uns begleitet' von Morgen zum Abend.

Der Hunger machte uns krank, heroisch sorgte die Mutter, nicht
achtend der offenen Füße, am Land uns Nahrung zu suchen:
Blutend im Graben lag sie bei Krems, nur ich ihr Begleiter,
flennend um Rettung bemüht, vergeblich und nah der Verzweiflung,
bis ein Russensoldat, mein tschechisches Flehen vernehmend,
kundiger Hand den Blutfluß beendet, Hilfe vom Himmel.
Von all den Schrecken ward ich geheilt am Altare,
wo unter der Heiligen Jungfrau in Hietzing ich diente,
zuerst beim Segen und dann in Kenntnis lateinischer Bitten
bei der Heiligen Messe mit inbrünstiger Seele:
„Tauet Himmel den Gerechten, Wolken, regnet ihn herab:
Also rief in langen Nächten einst die Welt, ein weites Grab!“
Kalt war das Hietzinger Haus, hatte nicht einmal Fenster,
doch schon um fünf rief der Wecker mich wach,
ohnmächtig der schlafverfangenen Sinne, mit eisigem Wasser
macht' ich mich fertig zum Weg durch den Schnee in die Kirche:
Weihnachtszeit war's und schon harrten wir Kinder des Fests.

WEIHNACHTEN 1945

Bange Zeiten voll Angst, da der Vater in Rußland,
gingen fröhlich zu Ende mit seiner Heimkehr nach Wien.
Eltern und Kinder waren vereint unterm Christbaum
oder dem struppigen Strauch aus dem Garten, der ihn ersetzt.
Kerzen gab's nicht und so gut wie gar nichts zu Naschen.
Kalt war das Zimmer, wo wir das Christkind erwartet',
nur an der Schnur hing ein weißes Holzpferd am Christbaum.
Leuchtend vor Freude begrüßten die Eltern den Frieden,
kostbarer war nie ein Geschenk als dieses neugewonnene Gut,
Ende der Angst vor den Schrecken des qualvollen Mordens,
das so lang als Gesetz uns von gottlosen Herrschern
auferlegt wie das Kreuz einst dem Heiland - endlich zum Heile.
Als wir das Fest nun begannen zu feiern, sprach unser Figl
heilige Worte zu uns über den staatlichen Rundfunk,
rief in der Not, im Mangel von Kohle, Kartoffel und Glas,
frierenden uns, die wir darbten, uns auf, zu glauben an
Österreich, das vor wenigen Jahren so schändlich verraten.
Gläubig gewahrten das Wunder die leidverzehrten Bewohner,
trugen die Botschaft im Herzen, zum Blüh'n bracht' sie das Land.
Mögen die Erben es wahren, das kostbare Gut der vom Glauben
getragenen Heimat!

DIE NEUE FREIHEIT

(Wien 1955)

Nicht ohne Kampf und lang war die Zeit, da das Land
unter den Siegern geteilt in vier gesonderte Zonen.
Vier in dem Jeep in Wien bezeugten die Knechtschaft.
Endlich hob sich die Sonne der neugewonnenen Freiheit.
Wieder war's unser Figl, der begnadete Seher, der sie verkündet:
„Österreich ist frei!", so rief er zur jubelnden Menge
vom Schloß Belvedere am 15. Mai er herab.
Dann ward vollendet der Neubau der bombenbeschädigten Oper:
Feierlich war die Eröffnung, ich selbst am obersten Stehplatz.
Nächtelang hatt' ich gewartet, doch jubelnden Herzens
ward des denkwürdigen Festes ich ein ergriffener Zeuge:
Strahlend erleuchtet ein kunstvoller Luster aus Glas das Gepränge
funkelnden Schmucks der vornehmsten Damen der Welt.
Festlich gekleidet auch die Begleiter, was in der Welt von Bedeutung,
hier in der Oper am Ring fanden alle sich ein.
Bald ergriff uns die Macht des tönenden Zaubers,
Beethovens Werk der wiedergewonnenen Freiheit
ging zutiefst uns ans Herz, da so lang wir im Kerker.
Ein Entschluß reifte in mir und wohl auch in andern:
Nie wieder Knecht, im eigenen Hause stets Herr sein,
das sei Österreichs Losung, das neu geboren in Schmerzen.
Dann ging's zum Ball im goldenen Saale:
Glitzernd von edlem Gestein und bunten Medaillen die Menschen,
bis auf die Jugend, die Mädchen in Weiß, im Frack
ihre Herren, tanzten sie die Eröffnung:
Zuerst die Quadrille, Menuette, schließlich den Walzer:
Als die Paare sich drehten, brachen, vom Sitze erhoben, in
Jubel sie aus, die aus der Fremde uns ehrten als unsere Gäste:
Österreich war wieder das Wunder der Welt!

DIE SCHANDE

(Der Waldheim-Skandal 1986)

Weltmann und Sekretär der Vereinten Nationen,
sollte er unser'm Land würdig als Oberhaupt dienen:
Waldheim, des Vater noch Waclawec hieß,
nun mit ad'ligem Namen geziert stets an der Spitze -
plötzlich hatte er Gegner, darunter den Kanzler:
Vor allem Volk zieh' er Waldheim der Lüge.
Waldheim krümmte den Rücken, ertrug alle Prügel.
Böhme er in den Wurzeln, des Duldens erprobt, doch
über die Heimat gießt sich die Flut weltweiter Schmähung, der
Frieden, uns gnädig gewährt schon vor Jahren, ward
weltweit gebrochen, das Haupt uns geächtet,
allen auf Erden verkündet, daß uns're Heimat
von Verbrechen befleckt, und brennende Scham bereitet die
Schande, die meine kaum gewonnene Heimat allseits bedeckt. Sie
ließ mich sinnen und beten um Heilung des Übels:
Ohne Schutz ist die Heimat, weilt ihr frommes Haus in der Ferne, das
stets den Glauben verteidigt als Bollwerk der Menschheit, bis
ruchloser Rat die Frömmigkeit überlistet: Mit der
Schmähung Sophiens und dem Krieg gegen Serbien. Märtyrer
haben gesühnt und so ist noch Hoffnung, Österreich aus der
Schande an die Spitze der Menschheit zu führen.
Also schrieb ich ein Buch, fand einen Verleger, nannt' es
„Aufgang der Sonne". Als die Kaiserin starb, hielt ich's in Händen,
kündet es ihrem Enkel, den ich am Ballhausplatz traf, am
Weg zum beleidigten Böhmen am vierzehnten März neunundachtzig: So
rührte ein Wunder mich an, doch die Menge blieb blind.

DER KAISERIN HEIMKEHR

(Wien, 1. April 1989)

Kurz waren die Jahre in Wien, da sie des Kaisers Gemahlin -
lang war das Leid, das sie trug, wie einst unser Heiland geduldig.
Unrecht war stets ihre Bürde, die soviel Gutes getan:
Hatte sie doch den Barbaren getrotzt mit Prinzen Sixtus,
Frieden gesucht und damit doch ihre Heimat gerettet
vor der teutonischen Flut, die katholische Herde
hat zum Verharren gestärkt sie in den feindlichen Stürmen.
Stets auf der Flucht, des Notwendigsten grausam beraubt,
starb ihr der Mann allzufrüh an den Folgen des Mangels.
Der Heimat beraubt wider Recht blieb sie stets ihr doch treu,
half denen in Not, die ihr soviel Not doch bereitet,
und endlich im neunten Jahrzehnt ihres Lebens
ward als Irrtum erkannt, daß man so lang sie verbannte.
So vollendete sie ihre Tage im Land, das so grausam geirrt hat
und am ersten April neunundachtzig trug man in Wien sie zu Grabe:
Alles Volk war vertreten bei Requiem in dem Dome,
wie's einer Kaiserin ziemt, wird die Geschmähte geehrt.
Die Pummerin schlägt, als auf den Wagen der Hofburg
schließlich den Sarg man nun legt mit unendlichen Blumengebinden.
Schwarz ist der Wagen, acht schwarze Pferde ziehen ihn fort, und
Wiens Glocken stimmen dann ein zum festlichen Rundgang,
bis zur Gruft man gelangt des uns verbunden Hauses.
Frieden fand unser Haus mit frommer Bestattung, mag ihn die
Heimat nun finden!
Frieden schenken der Welt.

IV.
Lyrik eines erfüllten Lebens
von Otto Ludwig Ortner

ANKUNFT IN DER HEIMAT

Afling, 21. Oktober 1989

**Zur Hochzeit meines Neffen Gustav Hacket
mit Claudia Niederkirchner**

Der Gusti aus dem Angelland
in die Tiroler Heimat fand,
wo seiner Mutter Ahnen Spuren
geprägt sind rings um Aflings Fluren.

Als er empfing den Heil'gen Geist
aus Wien wir kamen angereist:
So reifte er zum Ackermann
und bald er eine Braut gewann.

Aus Oberperfuss kommt die Maid
und hat uns alle sehr erfreut,
heißt Claudia und lehrt die Kinder,
indes ihr Gusti hütet Rinder.

So ist denn alles wohlgeraten
und auf der Ahnen Ruhmestaten
gründen sie ihr neues Haus.
So bleibe nicht der Segen aus,

der in dem überkomm'nen Glauben
Euch lebt, drum laßt ihn Euch nicht rauben:
Dann wird Euch nie der Mut verlassen
und Glück und Wohlstand Euch gelassen.

DR. FRANZ SCHNEIDER ZUM 80. GEBURTSTAG

Aus Eggenburg kam er nach Wien,
um aus der Weisheit Brust zu zieh'n
der beiden Rechte Wissenschaft,
die bald er kannte meisterhaft.

Doch größer'n Reichtum er gewann,
als ihn die Anda nahm zum Mann,
die ihn nach Englands sicher'm Strand
gerettet aus der Mörder Hand.

Zu zweit waren sie hingezogen,
zu viert durchfurchten sie die Wogen
als nach des Krieges lautem Wüten
sie sich nach Hause endlich mühten.

Hier zeigte unser Jubilar,
daß ihm das Recht das Höchste war,
und so gewann er das Vertrauen,
auf dem ihre Geschicke bauen.

Klienten, Freunde ohne Zahl,
auch mir in meiner Prüfung Qual,
bot er die Hand, und reichen Segen
bereitete er meinen Wegen.

Fragt Ihr, worin des Glückes Pfand
der Franz und seine Anda fand,
so sag' ich Euch, es ist ihr Bund,
der uns bescheret diese Stund':

Sie haben uns so reich beschenkt,
daß, wenn man es so recht bedenkt,
den Gästen muß man gratulieren!
Nie mögen sie das Glück verlieren!

WEIHNACHTEN

Wien, 24. Dezember 1990

Von grauer Vorzeit Weisen Kunde
schien matt die Hoffnung tief vom Grunde
des Elends schwarzer Liebesnot,
die aller Freude bitt'rer Tod.

Nun ging die Hoffnung herrlich auf,
ein Stern beendete den Lauf,
blieb stehen über Bethlehem,
wo Hirten auf der Wache steh'n.

Der Engel Chor sing ihnen zu
und alles Leiden findet Ruh:
In stiller Nacht die Lieb' erwacht,
die hat Maria uns gebracht,

als Gottes Sohn sie uns geboren
sodaß wir nimmermehr verloren:
In aller Armut sind wir reich,
durch Gottes Wort und Liebe gleich.

Wir müssen nimmermehr verzagen
in allem, was wir können wagen,
gedenken wir des Jesusknaben
und seiner Mutter Liebesgaben,

und in der Engel Lobgesang
und mit der Hirten Jubelklang
stimmt ein zum Lied der Heil'gen Nacht,
die endlich ganz uns heil gemacht.

CLEMENS ZUR FIRMUNG

28.4.1991

St. Clemens, Papst und Märtyrer,
sei allzeit Dir ein Anführer,
am Pfad der Wahrheit und der Liebe,
daß Freude Dir im Herzen bliebe.

Des Heil'gen Geistes Wunderkraft,
gibt Dir die rechte Wissenschaft,
vom Recht und von der Gnadenfülle,
die Dir den Lebensweg enthülle,

der Dich durch Not und Leiden
zum Tempel führt der Freuden,
die aus der Gottesbotschaft fließen -
stets möge sich der Strom ergießen.

FRAU DR. ELISABETH POESCHL ZUM 50. GEBURTSTAG
Wien, 17. Juli 199.

In Hietzings kaiserlicher Pracht
hat Dich der Storch nach Haus gebracht,
und treu bliebst Du dem Schloßbezirk,
daß seine Zaubermacht bewirk'
des Lebens frohes, munt'res Walten
und Glück in vielerlei Gestalten.

Die Zauberinnen spinnen fein
der Jünglinge und Mägdelein
Verstrickungen in Herzensfäden,
nichts nützt es, was sie tun und reden:
Von Zaubermächten ganz bestrickt,
kann sein, daß einem etwas glückt:

Doch ehe ganz er es gewonnen,
da ist's auch wieder schon zerronnen:
Mich brachte, nur fünf Jahr' vor Dir,
der Storch ins gleiche Schloßrevier.
Auch mich durchdrang sein sanfter Bann,
schon dacht' ich, daß ich Dich gewann -

Da fiel der Zaub'rin Spindel hin,
das Garn verwirrt sich ganz darin,
ließ mich an Döblings Küste stranden
in schönen, doch so fremden Landen.

Nie kannst den Zauber Du bezwingen,
doch kann Beschwörung Dir gelingen,
wenn zu der Heimat treu Du stehst
und fest auf Gottes Wegen gehst:

Dann spinnt die Spule pures Gold,
der Liebe Füllhorn lacht Dir hold,
das Alter kann Dich nicht verdrießen -
laßt uns den reifen Wein genießen.

ES STEHT EIN HAUS IN ÖSTERREICH

Baronin Valerie Drasche-Wartinberg
zum 80. Geburtstag gewidmet

Ebreichsdorf, 10. November 1991

Es steht ein Haus in Österreich,
ragt auf mit Turm und Mauern,
scheint wider aus dem stillen Teich -
soll alles überdauern,

Es sah des Kaiserreiches Glanz,
des Kriegs, der Armut Not,
verfiel des Siegers Wut fast ganz:
Neu strahlt's im Morgenrot.

Der Herren Mut und Wagen
bringt wechselhaftes Glück.
Der Frauen still Entsagen
bannt uns das Heil zurück.

Dem Ebreichsdorfer guten Geist,
der lieben Valerie,
dies arm' Gedicht den Dank erweist,
was wär'n wir ohne Sie!

MEINER TOCHTER MARIA CHRISTINA ZUM 18. GEBURTSTAG

17. März 1992

An diesem Tag, mein liebes Kind,
verläßt Du auch, nur zu geschwind,
der Kindheit sorgenloses Land,
gewinnst der Sorgen ernsten Strand.

Doch sei getrost, mit vielen Gaben,
wie sie nur Glückliche sonst haben,
hat Dich der Himmel reich bedacht,
doch hüte Dich und habe Acht:

Wer viel besitzt, kann viel verlieren,
so möge Dich die Klugheit zieren.
Der Fleiß sei täglich Dein Begleiter
und mache Dir das Leben heiter.

Auch Deiner Eltern magst gedenken
und ihnen weiter Liebe schenken -
so werde Dir der Sorgen Strand
dann endlich zum gelobten Land.

WEIHNACHTEN 1995

Am Himmel zieht ein heller Stern,
strahlt allem Volk von Nah und Fern.
Es klingt ein frohes Lied so hell,
sind Hirten mit dem Vieh zur Stell',

und Engel von dem Himmelsthron
verkünden, daß uns kam der Sohn,
den uns Maria hat gebor'n,
vom Himmelvater auserkor'n

und von der Sünde uns befreit
ans Licht der Gnade uns geleit'!
So sei dem Himmel lauter Dank
mit Engelschören im Gesang.

CORVATSCH

11. Februar 1997

Von Helligkeit umstrahlte Eiseshöhe
gewährt nach fernen Gipfeln Blick,
in dieses Wintersonnenhimmels Nähe
erstrahlt ein langvergess'nes Jugendglück!

In dieser unverdorb'nen Weltenreinheit,
die das erstaunte Aug' umfängt,
senkt sich Dein Herz in sel'ge Einheit
des Weltengeist's, der es zum Guten lenkt.

Wenn dann in raschem Schwung am Eiseshang
der Läufer auf dem Ski zum Tal sich wendet
und auf dem harten Schnee der Kanten Klang
des Windes Rauschen seine Botschaft sendet,

geht eine neue Seligkeit wohl auf,
die Mut uns spendet in der Mühen Last,
die uns der Sorgen Fülle legt zu Hauf:
Hier, Knecht, geplagter, findest Du noch Rast!

EDELWEISS

Ein Stern von Samt in silberhellem Glanz,
nur selten und mit Mühe zu gewinnen,
erfüllt mit Streben nach dem Höchsten ganz
den Wanderer im Bergrevier ganz drinnen.

So gab ein Leben ich für Österreichs Bergeskrone,
und ward doch arg getäuscht in meinen Müh'n,
Wird endlich mir der Siegespreis zum Lohne?
Seh' ich das Edelweiß am Bergesgipfel blüh'n?

Jedoch, was tut's, allein das Ziel des Guten
ist Lohn genug dem vornehmen Gemüt,
am Bergeshang in Sonnenlichtes Fluten,
wenn Dir der Gipfel Schönheit glüht,

dann hast Du schon gewonnen jenen Preis,
der jedem Menschen gnädig ausgesetzt,
und tief im Herzen blüht das Edelweiß
der Gottesliebe, jetzt und bis zuletzt!

GEDICHT IN DAS GÄSTEBUCH DER KARTAUSE GAMING

Deutschordenstage in Gaming, 28. bis 31. Mai 1992

Zu Gaming der Kartäuser Klausen
ließ unser Walter neu behausen:
Gar freundlich öffnen sich die Hallen
dem Deutschen Orden zu Gefallen.

Das Kreuz hat Österreich gegründet,
damit die Welt zum Heile findet:
An diesem Hause soll'n wir werken -
dies Kloster uns den Glauben stärken.

REGEN

Lichtenberg, 8.9.1998

Ein grauer Vorhang schwer von Regen
liegt ringsherum und deckt den Kranz
des grünen Walds, bringt reichen Segen
dem Talgrund in der Wiesen Glanz.

So sitz ich sinnend hier in Lichtenberg,
die kalte Nässe zwingt mich in das Haus,
läßt reifen manches noch verborg'ne Werk,
lockt der Gedanken Fülle mir heraus.

Verborgen sind der Berge stolze Höhen,
doch leuchtet mir im Inner'n ihre Pracht,
und bald in neuem Lichte werde ich sie sehen,
im Morgenrot, wenn mir die Sonne lacht!

PETER WAHL ZUM SECHZIGSTEN

Vor sechzig Jahren kam er in die Welt,
der Vater Künstler, Mutter aus der Industrie:
Zwei Menschenalter ist er unter uns gestellt,
verleugnet seine vielgestalt'gen Wurzeln nie.

Die Liebe für das Schöne hat ihn stets geführt
schon bei der Wahl der Frau und seines Schlosses.
Stets hat der Jubilar das Echte nur verspürt,
in Zeiring, der Probstei, schuf unser Peter Großes.

Sein größtes Werk jedoch, das ist die Schar
der Lieben, die heut' um ihn steh'n:
Brigitte, Philipp, Peter, Barbara, der Niko, es ist wahr,
ein großes Haus ist sein, wird nicht vergeh'n

die Enkel werden sicher es verwehren!
So wünschen Peter, Dir, der Gratulanten Schar
ein frohes Patriarchenleben, voll von Ehren,
Mögst fröhlich Du mit uns verbringen viele Jahr!